© Éditions Milan
300, rue léon-Joulin, 31101 Toulouse Cedex 100

Conception graphique et mise en page : Toni Alvarez

Photogravure : Tram'way, Toulouse

ISBN : 2-84113-558-6

Imprimé et relié en France

par Pollina, 85400 Luçon - n° 72188 - Juin 1997

COUPS DE SOLEIL
& BIKINIS

marie-christine grasse

milan
musée international
de la parfumerie - grasse

Affiche *Bi-Oro*.
132 cm x 98,5 cm.
(Collection bibliothèque Forney, Paris.)

Aujourd'hui, alors que le développement touristique sur la Côte d'Azur est au cœur de nos préoccupations, le musée international de la Parfumerie propose une exposition d'actualité, *Coups de soleil & bikinis*, retraçant l'histoire des costumes et des coutumes balnéaires et par là même une évolution des pratiques des touristes en général, de la femme en particulier, facilitant ainsi la rencontre de deux réalités : le tourisme et la culture.

Grasse a montré depuis longtemps déjà la volonté de se placer comme entité culturelle et touristique cohérente et globale en associant la zone qui l'entoure sous l'égide administrative du Pôle touristique grassois.

Le thème abordé cette année par le musée ne se restreint pas uniquement à l'étude de la pratique des loisirs. Répondant à sa vocation initiale d'« établissement mémoire » du parfum et des cosmétiques, le musée international de la Parfumerie aborde également le phénomène de l'apparition et de l'évolution des produits solaires : des premières crèmes protégeant des rayons du soleil jusqu'aux derniers autobronzants, parallèlement à l'évolution de l'idéal féminin.

Jean-Pierre LELEUX
Maire de la ville de Grasse
Vice-président du conseil général
des Alpes-Maritimes

Today, as the development of tourist activities on the Côte d'Azur remains the focus of our attention, the International Perfumery Museum is mounting an exhibition of everyday life, called Sunburns & bikinis, *retracing the history of costumes and swimming costumes and thence the development of tourist pursuits in general, and of women in particular, thus bringing together the dual aspects of tourism and culture.*

For a long time Grasse has demonstrated the will to promote itself as a global and coherent cultural and touristic entity, by bringing together the surrounding area under the administrative aegis of the touristic focus of Grasse.

The theme being tackled this year by the museum has not been limited to a study of leisure activities. In keeping with its original remit of the "memory facility" of perfume and cosmetics, the International Perfumery Museum has also taken on the phenomenon of the appearance and development of sun products: from the first protective sun creams, to the latest self-tanning products, in tandem with the development of the female ideal.

Jean Pierre LELEUX
Mayor of the City of Grasse
Vice-Chairman of the General Council
for the Alpes-Maritimes

de la cure... au plaisir balnéaire

Dès le XVIIIe siècle, Bath, ville britannique proche de Bristol, invente le concept de la station thermale. La noblesse britannique ne tarde pas à transformer la contrainte médicale de la cure en plaisir de la villégiature. Le modèle anglais fait école : en France, Vichy-les-Bains apparaît à la fin du siècle.

Parallèlement, la villégiature maritime se développe, d'abord en Allemagne sur les plages du Nord, puis en France à Boulogne et à Dieppe. Un peu plus tard, sous le second Empire, la plage de Biarritz devient la station préférée de l'impératrice Eugénie. Puis, grâce à la création des colonies de vacances, en 1883, les petits citadins découvrent la mer.

En ces lieux, la nature et la température extérieure deviennent le principal objet d'intérêt. La pratique de la natation donnant une nouvelle dimension au bain de mer, les sites côtiers s'aménagent : Le Touquet dès 1903, puis La Baule à partir de 1923.

La villégiature révèle un nouvel usage du temps, rythmé par une création récente, la *saison*. Nice ou Hyères, initialement lieux d'élection pour passer l'hiver, connaissent une vogue grandissante après l'annexion du comté de Nice à la France en 1860. Anglais, russes, autrichiens et allemands issus de la noblesse s'y rendent. D'autres stations comme Cannes et Menton sont rapidement créées. En 1877, la Riviera devient la Côte d'Azur, selon l'appellation de Stephen Liegeard et

Juan-les-Pins. Jeux d'enfants.
Vers 1930.
(Collection musée d'Art
et d'Histoire de Provence,
Grasse.)

Cannes. La plage et les hôtels.
Vers 1930.
(Collection musée d'Art
et d'Histoire de Provence,
Grasse.)

s'étend de Viareggio à Hyères. Plus tard, parallèlement au tourisme hivernal, un tourisme estival apparaît sur les bords de la Méditerranée, à la montagne et dans les villes d'eaux. La douceur du climat ainsi que la végétation luxuriante en constituent les atouts majeurs.

Dès la fin du XIXe siècle, les plages de galets et les mers froides de la Manche ou de l'Atlantique subissent la concurrence de la Méditerranée, de ses plages de sable fin et de sa mer chaude, qui marquent une rupture dans les coutumes balnéaires. La découverte de ses rivages s'accompagne de celle du soleil qui affirme le hâle de la peau.

Tout ceci ne vaut que pour les classes dominantes. Entre les deux guerres, les ouvriers et les employés privilégient en effet le retour à la campagne. On revient au village, dans sa famille, vers ses proches.

Ce n'est qu'à la fin des années cinquante que les comportements commencent à se modifier véritablement, avec l'octroi de la troisième semaine de congés payés, synonyme de plus grande disponibilité. Les départs deviennent plus nombreux sans pour autant se généraliser. Pour les femmes, le confort du foyer reste le principal souci. Les vacances demeurent, pour nombre d'entre elles, à la fois une dépense somptuaire et une tentation secondaire.

Cependant, au début des années soixante, les ouvriers français ne sont pas ceux qui voyagent le moins pour leurs vacances. Aussi, les structures d'accueil, qui avaient commencé de se constituer pendant les années trente, se renforcent-elles naturellement du fait de l'augmentation du nombre des départs et des progrès de la motorisation.

La villégiature balnéaire n'implique pas uniquement des modifications sociales et culturelles. Elle est également physique, touchant au corps, mais aussi au décor. Alain Corbin signale que, déjà en 1794, les partisans de la Baltique s'opposent à ceux de la mer du Nord. La « vraie » plage est abritée du vent et constituée de sable fin. C'est l'émergence d'un modèle de plage découverte, sans récifs ni galets, ouvrant sur une eau calme. Tout semble annoncer, plus d'un siècle à l'avance, les raisons du triomphe des plages du Sud. On recherche une nature confortable et accueillante, prédisposée à l'installation humaine.

Aujourd'hui, le mystère de l'oisiveté et même de la somnolence induites par le repos sur la plage reste entier, notamment aux yeux des partisans des loisirs actifs et des vacances « intelligentes ». Pourquoi des millions d'humains s'agglutinent-ils dans le Midi, un mois par an ? Près de la moitié des vacanciers qui se rendent au bord de la mer n'ont d'autre préoccupation que la plage.

Pour que le littoral se soit imposé comme attraction, devant la cam-

Cannes. La plage.
Vers 1930.
(Collection musée d'Art et d'Histoire de Provence, Grasse.)

Juan-les-Pins. Le casino.
Vers 1930.
(Collection musée d'Art et d'Histoire de Provence, Grasse.)

pagne ou la montagne, il a fallu qu'un rêve incite les touristes à élire ces rivages plus doux, plus chauds... Ce rêve est aujourd'hui devenu un univers magique où la référence à l'île, à la mer, aux flots bleus ou aux tropiques, à la plage, au sable... est indispensable.

Cette villégiature possède une histoire propre, que la mode suit de très près, car elle est intimement influencée par la pratique récente des sports par la femme : natation d'abord, puis golf, tennis... La garde-robe s'adapte à ces nouvelles activités ; ainsi la robe d'été fait place au maillot rayé puis au pyjama de plage et l'ombrelle est délaissée au profit du chapeau.

Marie-Christine GRASSE

health... and leisure by the sea

In the 18th century, Bath, a British city near Bristol, invented the concept of spa resort. The British aristocracy was quick to transform the medical necessity of the cure into the pleasure of holiday-making. The English model set the fashion : in France, Vichy-les-Bains emerged at the end of the century.

In parallel the seaside version of holiday-making expanded, first in Germany on the northern beaches, then in France in Boulogne and in Dieppe.

Somewhat later, under the Second Empire, the beach of Biarritz became the favourite resort of empress Eugénie. Subsequently, due to the creation of holiday camps, in 1883, the city child discovered the seaside.

At these places, nature and the temperature became the main interest. Swimming added a new dimension to bathing, and soon inshore areas were developed. Le Touquet as soon as 1903, then La Baule from 1923.

Holiday-making revealed a new use of time, whose pace was dictated by another new invention, namely the season, Nice or Hyères, which ware initially destinations of choice for spending the winter, became increasingly fashionable following the annexation of the Comté de Nice by France in 1860. Aristocrats from England, Russia, Austria and Germany all went there. Other resorts, such as Cannes and Men-

Juan-les-Pins. La pinède.
Vers 1930.
(Collection musée d'Art et d'Histoire de Provence, Grasse.)

ton, ware soon created. In 1877, the Riviera became the Côte d'Azur, as named by Stephen Liegeard, and stretched from Viareggio to Hyères. Later, in parallel with winter tourism, a summer tourism emerged on the shores of the Mediterranean, in the mountains and in the spa towns. The mild climate and the lush vegetation were the main assets.

From the end of the 19th century, the pebble beaches and the cold seas of the Channel or the Atlantic bowed to the competition of the Mediterranean, its beaches of fine sand and its warm sea, which marked a departure from seaside habits of the past. Discovery of its shores was accompanied by that of the sun which emphasised the healthy appearance of the skin.

All this was only valid for the ruling classes. Between the two wars, both workers and employees favoured a return to the countryside. A return to the village, the family, and one's nearest and dearest.

It was only at the end of the Fifties that patterns of behaviour really began to change, with the addition of a third week of paid holiday, which meant more free time. Without becoming normal practice, going on holiday became increasingly common. For women, the comfort of the home remained the main concern. For many of them, holidays remained an extravagance, and a secondary temptation only. However, at the beginning of the Sixties, French workers were no longer those to travel the least for their holidays. Also the infrastructures which had started to emerge during the thirties, now began a natural process of consolidation, due to increasing numbers of holidaymakers, and the increasing importance of the motor car.

Seaside holidays not only implied social and cultural changes. It was also physical, affecting the body and also the concept of decor. Even in 1794, Alain Corbin indicated that there was a partisan rivalry between those who preferred the Baltic, against those who preferred the North Sea. The "true" beach is protected from the wind and has fine sand. This was the emergence of a newly discovered model beach, without reefs or stones, opening onto a calm sea. It all seems to telegraph (a century in advance) the reason for the triumph of the beaches in the south. What people wanted was a variety of nature which was both comfortable and welcoming, and eminently suitable for human occupation.

Today, the mystery of leisure time and even somnolence induced by lounging on the beach survives intact, especially from the point of view of partisans of active leisure activities and "intelligent" holi-

Cannes. Promenade de la Croisette.
Vers 1930.
(Collection musée d'Art et d'Histoire de Provence, Grasse.)

Affiche *Bains de sels de Thalassa.*
La mer chez soi.
L. Oury.
65 cm x 93,5 cm.
1890-1895.
(Collection musée international de la Parfumerie, Grasse.)

days. Why should millions of people cram themselves into the Midi for one month in every year? About half the holiday-makers who go to the sea-side have nothing more on their minds than the beach itself.

For the shore to make its mark as an attraction, ahead of the countryside and the mountains, there must have been a dream behind the tourist's pursuit of gentler warmer shores... This dream has now become a magical world with its prerequisite references to islands, the sea, blue waves or to the tropics, beaches and sand...

Holiday-making has its own history, which is closely followed up by that of fashion, because it is intimately influenced by the more recent involvement of women in sport: firstly swimming, golf, and tennis... The wardrobe adapted to these new sports; so it was that the summer dress gave way to the striped maillot, then beach pyjamas and the parasol was left behind for the hat.

Marie-Christine GRASSE

Cannes. Pyjamas. La Promenade de la Croisette.
Vers 1930.
(Collection Musée d'Art et d'Histoire de Provence, Grasse.)

Pyjamas.
La Côte d'Azur.
Vers 1930.
(Collection musée d'Art et d'Histoire de Provence, Grasse.)

Cannes. Palm Beach. Le casino. La piscine.
Vers 1930.
(Collection musée d'Art et d'Histoire de Provence, Grasse.)

le rôle du chemin de fer

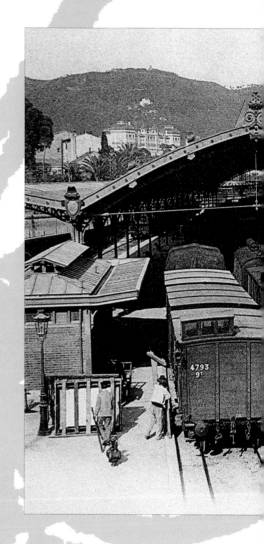

Au XIXe siècle, le chemin de fer est incontestablement le plus puissant instrument de transformation sociale de l'époque et son apparition révolutionne indubitablement l'usage du temps libre. S'il ne s'agit, à la lettre, que d'un chemin en acier, l'expression « chemin de fer » évoque tout autre chose. Ce qui n'était à l'origine qu'une nouveauté technologique est devenu en se développant tout un système de loco-motion. En liaison avec les autres innovations qui bouleversent les transports, il est à l'origine de l'idée selon laquelle les vacances en tant qu'institution sociale impliquent de partir pour un long voyage. Celui-ci devient partie intégrante des vacances.

Avant l'apparition du chemin de fer, le voyage est onéreux, lent, pénible, voire même dangereux. Les voyages de masse sont impossibles part la route. Ainsi, hors de toute considération temporelle, les diver-tissements supposant un long déplacement sont l'apanage des riches. En revanche, un seul train pouvant transporter des milliers de personnes, le chemin de fer rend le voyage accessible à la multitude. Son influence sur les lieux de villégiature est énorme. Des chiffres éloquents illustrent sa progression dans la seconde moitié du XIXe siècle : en France le nombre de voyageurs-kilomètre passe de 100 millions à 11 milliards, le nombre de tonnes-kilomètre de 400 millions à 14 milliards.

À l'origine, les chemins de fer sont construits et exploités par de petites entreprises. Mais dès le milieu du XIXe siècle, six grandes com-

Cannes. La gare.
1930.
*(Collection musée d'Art
et d'Histoire de Provence, Grasse.)*

Sur l'Estacade.
Revue *Le Panorama*.
Été 1899.
*(Collection musée d'Art
et d'Histoire de Provence, Grasse.)*

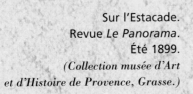

pagnies sont créées : le Nord, l'Est, le P.L.M. (Paris-Lyon-Méditerranée), le P.O. (Paris-Orléans), l'Ouest et le Midi. L'activité touristique en est considérablement facilitée. Dès les années vingt, la saison d'hiver se double d'une saison d'été qui attire sur les plages de nombreux touristes arrivant essentiellement par voie ferrée. Les côtes méditerranéennes sont largement desservies : le Côte-d'Azur, desservant la ligne Paris-Nice est créé en 1922 ; le Train Bleu, desservant celle de Calais-Nice en 1923. Une ligne Nice-Cassis est inaugurée en 1928. Regroupées autour des gares, les maisons commencent à s'aligner sur les côtes, les hôtels et les pensions de famille à se multiplier dans les centres-villes. De nombreuses infrastructures liées aux distractions des touristes voient également le jour : casinos, théâtres, cinémas, opéras… Ainsi le front de mer se dote progressivement d'esplanades permettant les promenades et la création d'équipements de loisirs. Les villes littorales deviennent donc des modèles d'urbanisation spécifiques et prospères.

Marie-Christine GRASSE

Le Grand Hôtel.
Magazine *La Saison de Cannes*.
Juin 1932.
*(Collection musée d'Art
et d'Histoire de Provence, Grasse.)*

the role of the railway

During the 19th century, the railway was undoubtedly the most powerful instrument in transforming the society of the time, and its appearance unquestionably revolutionised the use of spare time. Even if strictly speaking we mean a "steel road", the concept of the "iron road" conjures up a completely different set of images. What started as a technological novelty, gradually developed into a comprehensive means of transport. In combination with other innovations which transformed transport, is at the origins of the idea that holidays, as a social institution involve a long journey. The railway became an integral part of the holiday.

Before the appearance of the railway, travel was an onerous, slow, painful and even dangerous expedition. Journeys undertaken by large numbers of the general public were impossible on the roads. Thus, besides any consideration of the time factor, any form of diversion involving long journeys were hitherto the reserve of the wealthy. On the other hand, the train which could singly transport thousands

Au soleil.
Revue *Le Panorama*.
Au soleil.
Été 1899.
(Collection musée d'Art et d'Histoire de Provence, Grasse.)

of passengers made travel accessible for the masses. Its influence on holiday destinations was huge. The figures illustrating its development during the second half of the 19th century are telling : in France the number of passenger/kilometres rose from 100 million to 11 thousand million, and the number of kilometre/tonnes from 400 million to 14 thousand million.

Originally railways were built and run by small companies, but by the middle of the 19th century, six large companies had been created : the Northern, Eastern, P.L.M. (Paris-Lyon-Méditerranée), P.O. (Paris-Orléans), the Western and the Midi. This made the process of tourism considerably easier. By the twenties, the winter season was outstripped by more than double by the summer season which attracted numerous tourists who almost all arrived at the beaches by train. The Mediterranean coasts were well-served: the Côte-d'Azur, serving the Paris-Nice line, was created in 1922; and the Train Bleu (The Blue Train), serving the Calais-Nice line in 1923. A Nice-Cassis line was opened in 1928.

Houses sprung up around the stations, and started to line up along the coasts, and hotels and family pensions multiplied in the town centers. Numerous infrastructures associated with tourist activities also began to emerge: casinos, theatres, cinemas, opera houses, etc. So sea fronts were progressively adorned with esplanades for promenades and the creation of leisure facilities. Seaside towns become models of a focused and prosperous town planning.

Marie-Christine GRASSE

Lumière et Beauté.
1931.
(Collection musée international de la Parfumerie, Grasse.)

Cannes. La piscine du Palm Beach.
*(Collection musée d'Art
et d'Histoire de Provence, Grasse.)*

Maillot Réard.
1954.
(Collection bibliothèque municipale de Grasse.)

les congés payés 1936-1982

Les congés payés sont instaurés dans les années trente dans la plupart des pays occidentaux. En France, certaines catégories socioprofessionnelles, comme l'armée, bénéficiaient déjà de congés sous la forme de permissions. Entre le premier et le second Empire, les officiers pouvaient déjà prendre, à tour de rôle, un congé semestriel, tout en percevant les deux tiers de leur solde. À partir de 1862, ils bénéficiaient de 4 à 30 jours de congés payés par an.

Par la suite, cet avantage est octroyé à d'autres travailleurs des services publics et, dans le secteur privé, aux employés des banques, des compagnies d'assurances et des grands magasins. Au lendemain de la Première Guerre mondiale, le mouvement d'extension des congés payés se développe pour certaines catégories de salariés. La grande crise économique des années trente favorise l'instauration de ce principe dans de nombreux pays où les congés payés n'existaient pas encore : en Autriche, puis en Finlande, Italie, Allemagne, dans le Royaume-Uni… En adoptant la loi du 20 juin 1936, le parlement français ne fait donc pas office de précurseur.

Cette loi de 1936 a pourtant des origines lointaines. Depuis 1919, de nombreuses entreprises privées, suivant l'exemple de l'État, avaient accordé des congés payés à une partie de leur personnel, surtout en Alsace-Lorraine. Différents autres projets ne furent jamais discutés, se heurtant à la violente opposition des milieux patronaux. De 1932 à

Tendances de la plage.
1960.
(Collection bibliothèque municipale de Grasse.)

Affiche *Febor*.
Anonyme.
Vers 1950.
(Collection bibliothèque Forney, ville deParis.)

Cannes. La plage.
Vers 1930.
*(Collection musée d'Art
et d'Histoire de Provence, Grasse.)*

1935, la crise économique reléguera le problème au second plan.

Il faut donc attendre la victoire électorale du Front populaire en 1936 pour qu'au sein du gouvernement Blum, Léo Lagrange, député socialiste du Nord, chargé du nouveau sous-secrétariat d'État à l'organisation des loisirs et des sports, fasse promulguer la loi du 20 juin. Tous les salariés ayant travaillé un an sans interruption dans un établissement bénéficient ainsi de quinze jours de congés payés par an, dont douze ouvrables. Le congé doit être pris durant la période ordinaire des vacances.

La généralisation des congés payés met donc en présence trois catégories d'acteurs sociaux : les employeurs et leurs organisations, les syndicats de salariés, les pouvoirs publics.

L'instauration des congés payés s'accompagne des premiers départs spectaculaires en vacances des travailleurs, également favorisés par les tarifs réduits accordés par les chemins de fer, la création d'un ministère des Loisirs destiné à l'organisation des loisirs sportifs, touristiques et culturels.

Une nouvelle conception du temps libre se développe peu à peu : le vieux rêve de découvrir les endroits des villégiatures aristocratiques et d'y séjourner quelque peu devient réalisable.

Au lendemain de la guerre, les syndicats français acceptent que la durée hebdomadaire du travail dépasse dans les faits les quarante heures légales. Dès 1950, ils revendiquent la réduction du temps de travail, mais la priorité est désormais accordée à l'allongement des congés annuels plutôt qu'à la diminution de la durée de la semaine de travail. Le 15 septembre 1955, la Régie Renault conclut avec trois syndicats un accord d'entreprise portant les congés à trois semaines ; exemple suivi par d'autres firmes seulement. Un million de salariés bénéficiaient déjà des vingt et un jours autrefois adoptés par le Parlement. Le 27 mars 1956, la loi fixe à dix-huit jours ouvrables la durée des congés payés obligatoires pour tous.

La période des vacances apparaît désormais comme une césure majeure, scandant les années de travail. Elle offre à la classe ouvrière la possibilité d'entrer dans l'ère des loisirs, favorisant par là même le véritable tourisme social, base du tourisme de masse. Au cours des années soixante, on institue les quatre semaines de vacances. La Régie Renault est, une fois encore, pionnière. Mais c'est la loi du 16 mai 1969 qui les rend obligatoires.

L'ordonnance du 16 janvier 1982 accorde une cinquième semaine de congés payés. Ce dispositif légal est aujourd'hui souvent amélioré par

Maillots Christian Dior.
1954.
*(Collection bibliothèque municipale
de Grasse.)*

Maillots Trébor.
1957.
*(Collection bibliothèque municipale
de Grasse.)*

Vacances.
Eau de toilette Jean Patou.
1936.

les conventions collectives. Cependant la réduction du temps de travail ne s'accompagne pas automatiquement d'une croissance du temps de loisirs. En effet, si tout temps de loisir est un temps libre, l'inverse ne se vérifie pas toujours.

Marie-Christine GRASSE

paid holidays 1936-1982

Paid holidays were established in the 1930s in most western countries. In France, some socio-professional categories, such as the army, already had this kind of holiday in the form of service leave. Between the First and Second Empire, officers already had the option of the half-yearly holiday from tours of duty, with 2/3rds pay. From 1862, the had between 4 and 30 paid days of leave per annum.

Subsequently this benefit was accorded to other public service workers and, in the private sector, to bank employees, insurance companies and department stores. Following the First World War, the trend to extend paid holidays evolved for some categories of workers. The economic crisis of the Thirties helped in the initiation of this principle in numerous countries where paid holidays did not yet exist, such as Austria, Finland, Italy, Germany, and the United Kingdom… In adopting the law of 1936, the French parliament was not breaking new ground.

This law of 1936 had long antecedents. From 1919, numerous private companies, following the State's example, had given some of their employees paid holidays, especially in Alsace-Lorraine. Various other proposals never reached the discussion phase, in the face of violent opposition from owner-managers. From 1932 to 1935, the economic crisis relegated this issue to secondary concern.

This had to wait until the election victory of the Front Populaire in 1936, when, under the Blum government, Léo Lagrange, a Northern socialist deputy, who was given the responsibility of organisation of leisure and sport by the new socialist Secretary of State, promulgated the law of 20 June. All salaried workers, with a year's continuous service for one company, were thus entitled to 15 days paid leave of which 12 were to be working days. These holidays were to be taken during the normal holiday periods.

À la mer.
1961.
(Collection bibliothèque municipale de Grasse.)

Elizabeth Arden.
1951.
(Collection bibliothèque municipale de Grasse.)

Maillot catalan.
1954.
(Collection bibliothèque municipale de Grasse.)

Generalisation of paid holidays thus created three new categories of social actors: employers and their organisations, unions, and public authorities.

The instigation of paid holidays was accompanied by the onset of holiday-making on a spectacular scale by employees, who were also helped by reduced rates on the railways, the creation of a Ministry for Sports, Touristic and Cultural Activities.

A new concept of spare time gradually developed: the old dream of discovering the resorts of the wealthy and spending some time at them now became a reality.

After the war, French unions accepted that the duration of the working week in practice frequently exceeded the legal 40 hours. By 1950 they were pressing for a reduction in working hours, but priority was then given to the extension of annual leave rather than a reduction in the working week. On the 15th of September 1955, Renault management signed a company collective agreement with the three unions, which meant the increase of holidays to three weeks; an example that was followed by other companies. A million workers already benefited from the twenty-one days previously accepted by Parliament. On the 27th of March 1956, a law set the minimum required paid holidays at 18 working days.

The holiday period was thence like a major caesura, spanning the working years, and offering the working classes an entry to the era of leisure, thereby providing an impetus for true tourism for the public on a social scale, and the basis for mass tourism. During the 1960s, the four week holiday was introduced: here again the Renault management were the pioneers. It was the law of 16 May 1969 that made this compulsory.

The decree of 16 January 1982 granted a fifth week of paid holiday. This legal provision is these days often enhanced by collective agreements. However the reduction in working hours has not been automatically accompanied by an increase in leisure time. In fact, if all leisure time is spare time, the opposite is not always true.

Marie-Christine GRASSE

Sun Bronze.
Charles of the Ritz.
1954.
(Collection bibliothèque municipale de Grasse.)

La plage à la page.
1959.
(Collection bibliothèque municipale de Grasse.)

LA PLAGE A LA PAGE

Constance Bennett dans le film
Topper takes a Trip.
1938.

coutumes et costumes balnéaires

L'apparition du maillot de bain suppose une émancipation progressive des mœurs. Les innovations sont souvent liées à l'inversion d'usages vestimentaires. Le pyjama de plage en constitue une bonne illustration : vêtement de nuit et d'intérieur transformé en tenue de jour et d'extérieur. Il en va de même pour le caleçon, transposition d'un costume privé pour un espace public.

Si le maillot de bain fait aujourd'hui partie intégrante de notre garde-robe, il n'en a pas toujours été ainsi, même si les plaisirs de l'eau sont goûtés depuis la plus haute antiquité.

À cette époque et jusqu'au XVIIIe siècle, on se baigne nu dans la mer ou les rivières.

Mais au XIXe siècle, les intrépides Anglaises se lancent dans les vagues glacées de la Manche, vêtues de longues robes.

La découverte du sable fin, à la fin du XIXe siècle, accompagne celle du soleil. On se délecte à dévoiler son corps. Si se dénuder est d'abord considéré comme scandaleux, on s'y habitue ensuite progressivement. Montrer son genou ou découvrir ses bras et ses épaules cesse d'être indécent. Le corps est réhabilité et offert au regard. En fonction des images sociales du corps, se façonne la présentation de soi. Une révolution s'accomplit : la mise en scène de l'apparence s'élabore. Le maillot valorise les élégantes et les attire. Les hommes adoptent le caleçon ou pantalon ainsi que la veste d'un seul morceau de flanelle, en

Affiche *Quelle joie de vivre l'été à Monte-Carlo*.
Louis Icart.
115 cm x 78 cm.
Vers 1930.
(Collection musée international de la Parfumerie, Grasse.)

Cannes. La piscine du Palm Beach.
(Collection musée d'Art et d'Histoire de Provence, Grasse.)

mérinos et sans manches. En 1875, la mode est aux maillots à rayures. Le bleu à raies blanches domine.

Au début du XXᵉ siècle le hâle de la peau, le teint brun, la peau lisse et ferme deviennent une parure. La tenue de bain s'allège et prend la forme d'un « maillot », du nom du bonnetier fournisseur de l'Opéra qui l'inventa, combinaison rose et moulante destinée aux danseuses posant pour des tableaux vivants. Sur un corset, une robe de coton aux teintes vives est enfilée, cachant le genou, puis une culotte à la turque au-dessus de bas de laine noire. Des espadrilles lacées complètent l'ensemble.

Paul Morand rappelle que dans les années dix « une femme nue était un spectacle d'une rareté inouïe, dont les garçons d'aujourd'hui n'ont aucune idée, et les vagues auxquelles nous tournions le dos étaient moins précipitées dans les convulsions, que nos sens, à la vue d'une jambe ou d'une épaule découverte[1] ».

1. Paul Morand, *Bain de mare*, Paris, 1960.

Transgressant ces règles, on rencontre quelques attitudes isolées mais provocantes. On pense à la belle Trouhanova qui, en 1913, se baigne les seins nus à Deauville, à Coco Chanel qui défraie la chronique en 1927 en s'exposant au soleil sur la Riviera. Ces signes, révélateurs d'une rupture, annoncent une transformation des usages. Quels sont les aspects du vêtement, par où s'introduit la variation scandaleuse ? Au costume qui se doit d'être opaque, couvrant, long et fermé, on tente d'opposer le transparent, le collant, le court et l'ouvert, tandis que le costume de bain masculin est détourné par les femmes.

C'est Anne Kellerman, première championne du monde de natation aux jeux Olympiques de Stockholm en 1912, qui ose porter pour la première fois le maillot de bain une-pièce, jusque là réservé aux hommes lors des compétitions.

Dans les années vingt, lorsqu'il devient à la mode, ce maillot collant est l'objet de toutes les attaques. « Il est un moyen infaillible de reconnaître un bon costume de bain. L'aspect qu'il a avant d'être mouillé reste le même pendant qu'il est dans l'eau, et après qu'il en est sorti. Un tissu épais, de bonnes teintures autant qu'une bonne coupe, sont essentiels. Par contraste avec la mode générale qui est féminine, la mode pour le bain est masculine. Très peu de différence entre les costumes d'hommes et ceux des femmes. Ils sont plus courts que jamais et très découpés dans le but de permettre un bain de soleil aussi étendu que possible. La ceinture placée en haut de la culotte peut être réelle ou simulée. Tous les costumes une-pièce prennent l'aspect d'un deux-pièces grâce à la ceinture qui marque la taille. Quelques-uns sont sans

Juan-les-Pins.
Élégances.
Vers 1933.
*(Collection musée d'Art et d'Histoire
de Provence, Grasse.)*

Pyjamas.
La Côte d'Azur.
Vers 1930.
*(Collection musée d'Art et d'Histoire
de Provence, Grasse.)*

ceinture, du genre maillot, mais ils sont en minorité. On les emploie seulement pour nager, et on les complète de pantalons de flanelle à la sortie de l'eau.

Le sweater et la culotte, pour être élégants, sont aussi courts que la décence et le confort l'autorisent. La décoration de ces costumes est des plus discrètes. Parfois un monogramme ou un simple motif. Les dessins audacieux sont aussi déplacés que le serait une robe de bal perlée. Il y a trois modes de répartition des couleurs : le costume peut être d'une seule couleur, il peut être divisé en deux parts égales avec les pantalons sombres et le haut clair-blanc généralement ; une longue tunique d'une couleur donnée, laissant apercevoir seulement le bas de la culotte noire. Les couleurs sont essentiellement le noir ou le bleu marine, puis le rouge sombre [1]. »

Il existe également des costumes avec jupe ressemblant à une culotte, avec seulement une très légère ampleur dans le bas, et moulant les hanches. Ces modèles sont souvent décolletés dans le dos jusqu'à la taille, avec une bande étroite sur la nuque. La plupart de ces costumes sont en jersey de laine. Épaulettes, jupettes et autres blouses habillées… recouvrant le collant se perpétuent, y compris au royaume du maillot deux-pièces, jusque dans les années soixante, sous les formes du « slip-jupe », du faux trois-pièces, en réalité un deux-pièces. Ce vêtement est rapidement adopté par la garçonne des Années folles qui s'expose avec délice au soleil.

Cependant, dans les années trente, le maire de Deauville précise dans un arrêté municipal que le port du maillot avec épaulettes est obligatoire pour prendre des bains de mer : l'épaule est interdite au regard, ainsi que la gorge et les cuisses.

Nombreuses sont les personnalités qui, au cours de ce premier siècle de « balnéarité », s'élèvent contre l'exhibition désinvolte des nudités que suscite sur les plages cette pratique moderne. Au nom de l'hygiène, de la morale ou de l'esthétique, toutes, les unes après les autres, se font ainsi les porte-paroles véhéments d'une mentalité bourgeoise qui a le vide en horreur et particulièrement le vide vestimentaire.

Le costume de bain digne de ce nom doit être ample, voire bouffant, non seulement pour envelopper et protéger le corps des intempéries, mais surtout pour brouiller son contour et occulter sa chair. Par exemple, le peignoir obligatoire, prescrit par les hygiénistes au sortir du bain, ne sert pas seulement à éviter le refroidissement, mais aussi la provocation que constitue un corps redevenu lisible au contact de l'eau. Progressivement, stations balnéaires et plages méditerra-

1. Anonyme, « Les Naïades de 1929 », *Vogue*, juillet 1929.

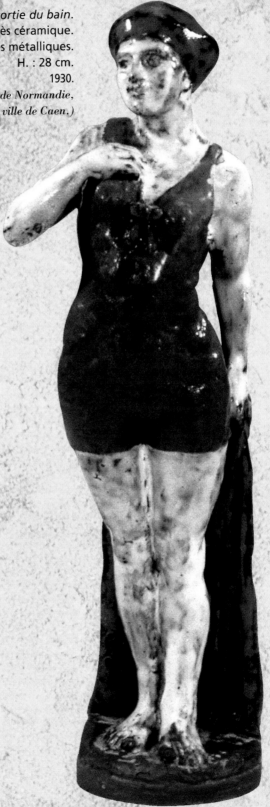

Baigneuse sortie du bain.
Statuette en grès céramique.
Couleurs aux oxydes métalliques.
H. : 28 cm.
1930.
(Collection musée de Normandie,
ville de Caen.)

Jean Taris et M. Fillioux, directeur du Palm Beach.
Magazine *La Saison de Cannes*.
Juin 1932.
Photo Traverso.
(Collection musée d'Art
et d'Histoire de Provence, Grasse.)

néennes deviennent autant de salons, théâtres d'une nouvelle élégance, où le pantalon trouve une place de choix, tout comme les vêtements sportifs.

Au début des années trente un « villégiateur » poète écrit :

« Sortant de l'eau d'un pas allègre

La femme met son pyjama

Sur la tête un grand panama

Et par la ville se promène

En se donnant des airs de reine.

On se fait photographier

Pour ceux qui n'ont pu se payer

Le voyage au lieu de délice.

Certains disent que la police

N'aurait jamais dû tolérer

Pareil scandale et l'empêcher.

Ils devraient savoir que le code

est impuissant contre la mode[1]… »

1. Général Matton, « Juan-les-Pins, De la Provence à la Côte d'Azur, Poésies », *L'Éclaireur de Nice*, 1933.

Le « code » renvoie aux normes de la pudeur héritées du XIXᵉ siècle mettant en accusation l'évolution des mœurs et le laxisme des usages. 1936 voit affluer sur les plages les bénéficiaires des premiers congés payés.

Toute la classe de loisirs – l'aristocratie, puis la bourgeoisie, bientôt suivie avec l'extension de vacances par la société toute entière – se précipite en foule sur les rivages. On ne vient pas au bord de mer seulement pour respirer le bon air ou faire de l'exercice, car la montagne, les cures… conviennent tout aussi bien. Comme au temps des premières villégiatures mondaines, il ne s'agit souvent que d'un prétexte. À travers le progrès balnéaire du dévêtu, c'est la réforme d'une morale sociale qui touche des concepts aussi variés que la pudeur, la détente, les loisirs…

Comme pour le bain de mer, l'aspect thérapeutique du bain de soleil s'estompe progressivement au profit du plaisir. Ainsi, n'en déplaise à la bourgeoisie hostile au hâle, un désir naissant pour le bronzage se développe, avec une véritable montée de la passion pour le soleil. Le discours médical sur la blancheur du teint, signe de santé, perpétuait surtout la morale aristocratique de l'oisiveté ostentatoire. On redoutait le hâle pour tout ce qu'il pouvait évoquer d'activité physique, laborieuse donc dégradante. Cette mutation de mentalité suppose un renversement total du concept de séjour littoral, désormais différent d'un simple traitement thérapeutique et mondain.

Balnéa.
1944.

Affiche *Analergic*.
Crème solaire.
Para broncear.
Anonyme.
106 cm x 76 cm.
Vers 1940.
(Collection bibliothèque Forney,
ville de Paris.)

Elle s'accompagne d'un processus de conquête du dévêtu. Le costume classique, né de la prime colonisation du rivage par les baigneurs mais plusieurs fois trahi, est le symbole même d'un monde qui s'effondre. L'engouement pour les sports d'eau accélère l'évolution de la forme et de la texture du maillot. L'empire du couvrant se rétrécit peu à peu avec l'adoption, dans l'entre-deux-guerres, du court qui dénude épaules, bras et jambes.

Jouant la transparence, le collant et le court, le maillot s'ouvre avec ses décolletés. La laine disparaît au profit des nouvelles matières élastiques mises au point par les Américains.

Puis en 1932, le couturier Jacques Heim invente le deux-pièces, remplaçant la blouse ou le maillot-gaine à armature baleinée par un soutien-gorge.

Enfin, tout bascule le 5 juillet 1946, avec la présentation du bikini à la piscine Molitor de Paris : quelques milliers d'années après la feuille de vigne, Ève va de nouveau s'afficher à demi-nue, avec un petit triangle retenu par une ficelle pour le bas, et deux triangles réduits au minimum pour le haut, un maillot si petit qu'aucun mannequin n'accepte de le présenter. C'est Michèle Bernardi, meneuse de revue au Casino-de-Paris qui ose s'en vêtir. Cette première apparition fait l'effet d'une bombe. Quoi de plus normal puisque son créateur, Louis Réard, le présente lors d'une fête de l'eau qu'il a organisée quatre jours après le premier essai nucléaire américain sur l'atoll de Bikini ! Ce coup d'éclat permet à Louis Réard de sauver son entreprise qui périclite.

Le bikini remporte un succès considérable : toutes les jeunes femmes l'adoptent dès les années cinquante. Dûment breveté, il se reconnaît à son petit emballage cubique et doit, test clé, passer au travers d'une alliance.

Adopté par des stars comme Martine Carol ou Brigitte Bardot, le bikini devient le principal vêtement de l'été. En vichy rose et blanc, à pois, en couleur, à balconnet ou avec des nœuds à la culotte, le bikini, synonyme de séduction, s'assortit au rouge à lèvres des pin-up roucoulant en écoutant le dernier succès de Elvis Presley « Itsy bitsy tenny weeny yellow polka-dotted bikini » (tout petit bikini à pois jaunes).

En 1948, apparaît Suzy, la première pin-up blonde, coiffée d'un grand chapeau de paille et vêtue d'un audacieux bikini qui dévoile le nombril. Elle est suivie par les stars, vamps et pin-up, façonnées par le cinéma et la presse et lancées lors du mariage de Rita Hayworth et d'Ali Khan en 1949.

Kestos. 1954.

Les pin-up Ambre Solaire symbolisent les vacances réussies, même si leur silhouette et la taille de leur maillot varient avec les modes.

Avec le bikini, impossible de dissimuler bourrelets disgracieux et chairs molles : minceur, fermeté, bronzage, tel est le credo des années soixante. Le lycra (tricot de deux fils, l'un synthétique, l'autre aussi léger qu'extensible), lancé en 1958 par Dupont de Nemours, offre légèreté, élasticité et résistance au soleil, au chlore et au sel. Les armatures et doublures disparaissent au profit de brassières. Le bikini devient un maillot poids plume qui sèche en quelques instants : « Ouistiti petit bikini », chante Dalida. Alors que toutes traquent la moindre marque de maillot sur leur peau gorgée de soleil, Louis Réard – toujours lui – lance le monokini en 1964, suivi de près par les « tangas » brésiliens (tout petits devant, rien derrière) qui assurent un bronzage quasi intégral, et font fureur sur les plages de Saint-Tropez. Parallèlement, on voit réapparaître les robes courtes, dos nus, bain de soleil, qui font alors le lien entre la plage et le dîner.

À partir des années soixante-dix, le bronzage devient un dû : le hâle doit s'acquérir vite et sans danger, ainsi que le vante l'affiche Bergasol de Bernard Villemot. Les produits doivent donc s'adapter à chaque nature de peau. Aux crèmes et huiles, seulement protectrices et filtrantes, s'ajoutent des activateurs de bronzage. La garde-robe de plage se réduit au port du maillot et du paréo, signe d'exotisme et de rêve lointain.

Et ce n'est que dans les années quatre-vingt que le maillot une-pièce fait son retour, sculptant les corps et en rendant l'évocation parfois plus suggestive qu'une nudité presque intégrale. Mais le bikini n'a pas dit son dernier mot : en 1996, il réapparaît en force, semblable à celui des années soixante, à la Bardot avec son balconnet ou comme Ursula Andress le portait dans le film *James Bond contre Docteur No*, avec une ceinture sur la culotte. La réalité des usages est complexe et l'évolution du maillot ne se réduit pas à celle de la peau de chagrin.

Marie-Christine GRASSE

Groupe de stars sur la plage de Juan-les-Pins.
Magazine *La Saison de Cannes*.
Juin 1932.
Photo Emeric Bogar.
*(Collection musée d'Art
et d'Histoire de Provence, Grasse.)*

customs and swimming costumes

Couverture pour *International textiles.*
Mode de plage.
René Gruau.
Encre de Chine/aquarelle.
42 cm x 29 cm.
Février 1952.
(Collection galerie Bartsch & Chariau, Munich.)

The appearance of the swimming costume implies a progressive emancipation of customs and practices. Innovations are often associated with an inversion in dress habits. The beach pyjamas are a good example of this: an indoor night garment transformed into day wear for outdoors. The same applies to long-johns, in this case the transposition of a garment for private wear into the public gaze.

Although the swimming costume is now a standard item of our wardrobe, this was not always so, even though pleasures associated with water have been appreciated since earliest antiquity.

At that time and up to the 18th century swimming in rivers or in the sea was done in the nude.

But during the 19th century, the intrepid English women threw themselves into the icy waters of the Channel dressed in long robes.

The discovery of fine sand, at the end of the 19th century, was accompanied by that of the sun. And people revelled in disrobing. Although each step of this progressive stripping process was accompanied by scandal, people soon got used to the idea. Showing a knee or baring arms or shoulders are no longer considered as indecent. The body is "rehabilitated" and once more put on show. One self adapts its presentation to the social images of the body. A revolution comes to a head and the decors behind the appearance are created. The maillot adds value to the elegant and attracts them. Men adopted shorts or trousers and a jacket made from a single piece of flannel, merino and sleeveless. In 1875 the fashion was for striped costumes. Blue with white stripes was especially common.

At the start of the 20th century a brown tan, and smooth firm skin became a veritable costume. Swimming dress became lighter and took the form or a "maillot" or kind of leotard, from name of a hat-maker to the Opéra who invented it, a figure-hugging pink combination garment which was designed for dancers posing in living statue sets. Over a corset, a brightly coloured cotton robe was worn covering the knees, and Turkish culottes over black woollen stockings. The ensemble was rounded off with laced espadrilles.

Paul Morand reminds us that in the years 1910-19 "a naked woman was a spectacle of unheard rarity, something quite inconceivable to the young men of today, and the pitch of the waves to which we turn

Groupe de personnes sur la plage.
1910.

Affiche *Petit Bateau Sport*.
Anonyme.
33 cm x 26 cm.
1948.
(Collection bibliothèque Forney, ville de Paris.)

1. Paul Morand, Bain de mare, Paris, 1960.

our backs represents far less turmoil than would be the case for our senses, at the sight of an uncovered leg or shoulder[1]".

Some isolated but provocative ideas were present to transgress these rules. For example, the beautiful Trouhanova who bathed bare-breasted in 1913 at Deauville, or Coco Chanel who unleashed the saga by exposing herself to the sun in 1927 on the Riviera. These portents, suggesting imminent rupture, announced the transformation of custom. What appearances of dress, and where, was the scandalous variation introduced? The answer lies in a costume which was intended to be opaque, covering, long and sealed in, to which one is tempted to juxtapose something transparent, clinging, short and open, when the male swimming garment was hijacked by the women.

It was Anne Kellerman, the first female world swimming champion at the Olympic Games in Stockholm, in 1912, who first dared to wear the one-piece swimming costume, hitherto only worn by men in competitions.

In the 20s, once it had become fashionable, the clinging maillot became the object of all sorts of attacks. "There is one infallible way of identifying a good swimming costume, which is that its appearance before being wetted remains the same when in the water, and after emerging. A thick material, with good colours and a fine cut are essential. In contrast with fashion in general, which is feminine, swimming costume fashion is masculine. There is very little difference between men's and women's costumes. They are shorter than ever and very cut away with the object of facilitating the most extensive sun bathing possible. The belt located at the top of the culottes can be real or simulated. All one-piece costumes look like two pieces because of the belt which marks the position of the waist. Some have no belt, like the maillot, but these are outnumbered. They are used only for swimming and are supplemented with flannel pantaloons when out of the water.

The sweater and culottes, for the sake of elegance, are as short as decency and comfort will allow. The decoration of these costumes is ultimately discreet. Sometimes a monogram or a simple motif. Audacious designs are as misplaced as would be a pearl-covered ball dress. There are three fashions for colours : the costume can be of one colour, or can be divided into equal parts with dark legs, and a light colour throughout- usually white ; a long tunic in a given colour, leaving uncovered only the bottom of the black culottes. The colours used are essentially black or navy blue, or dark red[1]".

There were also costumes with a culotte resembling skirts, with only

1. Anonymous, "Les Naïades de 1929", Vogue, July 1929.

Racine.
1947.

Chapeau en crin avec étoffe fleurie et fleurs de feutre.
(Collection Nicole Le Maux.)

a very slight fullness at the bottom, hugging the hips. These models were often open at the back down to the waist, with a narrow band at the neck. Most of these costumes were in woollen jersey. Epaulettes, short skirts and other forms of over-smock... which covered the leotard part survived, even into the domain of the two-piece, as long as the 60s, in the form of the "slip skirt", false three-pieces which were in fact two-pieces, which were quickly adopted by the young things more than ready to expose themselves to the sun in those wild years.

However, during the 30s the Mayor of Deauville stipulated in a municipal decree that the wearing of costumes with epaulettes was compulsory for bathing: and that the shoulder, neck and thigh may not be exposed to view.

Many personalities during this first "bathing century" stood up against the casual displays of nudity occasioned by this modern practice. In the name of hygiene, morals or aesthetics, one after the other, they all assume the role of vehement spokesperson for a bourgeois mentality which loathed void and above all clothing void.

Any bathing costume worthy of the name had to be ample, even bouffant, not only to envelop and protect the body against the elements, but above all to mask the physique and hide the flesh. For example, the mandatory bathrobe, prescribed by hygienists for after bathing, was not only to ward off the risk of a chill, but also the provocative aspect of a body that can be discerned through contact with the water. Gradually, the Mediterranean bathing spots and beaches assumed the virtual role of salons and theatres of a new elegance, where the pantaloon had its place of choice, as well as sports wear.

At the start of the 30s and holiday-making poet wrote :

"Rushing out of the salt water
The lady dons her garb for bed
A large Panama on her head
And all through the town she paces
With her queenly airs and graces
Some in photographs immortalised
For those who such expense despised
For travel to the place of delights.
Some say the police should read their rights
And should never tolerate
Such scandal so indelicate.
They should realise that the law
Could never change what people wore[1]..."

1. Général Matton, "Juan-les-Pins, De la Provence à la Côte d'Azur, Poésies", L'Éclaireur de Nice, 1933.

Pyjamas.
La Côte d'Azur.
1930.
*(Collection musée d'Art
et d'Histoire de Provence, Grasse.)*

Scandale.
1947.

Kestos.
1949.

Souplesse

SCANDALE

GAINES - CEINTURES - SOUTIEN-GORGE

The "law" as the doggerel has it, is an echo of the inherited prudery of the 19th century, criticising changing standards and laxity of behaviour.

1936 saw the beaches filled by the first beneficiaries of the paid holiday.

All the leisured classes- the aristocracy, then the bourgeoisie, soon followed with the extension of the holiday to all walks of society- rushed to the shores. It was not just the attraction of the fresh air or exercise which drew them, because the mountains and health resorts for example could equally offer such things. As with the world's very first holiday makers, it was all something of a pretext. Through the progression of the undressed bather, it was the reform of a social morality which affected concepts as diverse as decency, relaxation, and leisure… As for sea bathing, the therapeutic aspect of sunbathing was gradually overtaken by the concept of pleasure. Notwithstanding a bourgeois distaste for the tan, a nascent taste for sunbathing emerged into a veritable surge in passion for the sun. Medical discussions of the whiteness of the complexion as a sign of health, perpetuated above all the aristocratic ethos of conspicuous inactivity. The tan was intrinsically suspect because of its overtones of physical activity, which was a form of physical effort and thus degrading. This inversion of mentality presupposes a complete change of direction from the concept of the seaside visit, henceforth very different from the simple, mundane therapeutic treatment.

This was accompanied by the conquest of the state of undress. The classical costume, born out of the original conquest of the sea shore by bathers but often misrepresented, was the very symbol of a world that was fading. Enthusiasm for water sports accelerated the development of the form and texture of the maillot. The dominance of the need for coverage gradually retreated with the adoption during the inter-war period of a shortening which revealed shoulders, arms and legs.

In a game of transparency, figure hugging and shortness, the maillot started to opened up. Wool disappeared, to be replaced by new elastic materials perfected by the Americans.

Then in 1932, the couturier Jacques Heim invented the two-piece, replacing the smock or stiffened singlet frame with a bra.

Finally, everything changed on the 5th of July 1946 with the presentation of the bikini at the Molitor pool in Paris : several thousand years after the figleaf, Eve was to appear once more half-naked, with a little triangle held in place by a string at the bottom, and two tri-

Présentation
du premier bikini à
la piscine Molitor
à Paris
le 5 juillet 1946.
Agence Keystone,
Paris.

angles reduced to a minimum for the top, this was such a tiny costume that no model would present it. In the end it was Michèle Bernardi, the lead in the Casino-de-Paris revue who dared to wear it. This first appearance was a bombshell. What could be more predictable, given that it's creator, Louis Réard, presented it four days after the first American nuclear test on the Bikini atoll! This storm of success meant the saving of Louis Réard's business which was on the verge of collapse.

The bikini was a considerable success: it was worn by all the young women from the fifties onwards. Inevitably brief, it could be recognised by its cube packaging, and as a vital test had to be able to fit through a ring.

Adopted by stars such as Martine Carol or Brigitte Bardot, the bikini became the principle form of dress for the summer. In Vichy pink and white, polkadot, coloured, with a half-cup bra or with knots on the briefs, the bikini, a synonym for seduction, went well with the lipstick of the pin-ups, crooning to Elvis's latest hit: "Itsy bitsy, teeny weeny, yellow polka-dotted bikini".

In 1948 there was Suzy, the first blonde pin-up, wearing a large straw hat and a daring bikini that revealed the navel. She was soon followed by the stars, vamps and pin-ups, moulded by the cinema and media and launched at the time of the marriage of Rita Hayworth and Ali Khan in 1949.

The Ambre Soliare pin-ups were a symbol of successful holidays, even though their figures and the size of their costumes varied with fashion.

With the bikini there was no hiding place for disgraceful spare tyres or flab: slimming, firmness and the tan were the credo of the sixties. Lycra (a two-thread knit of a synthetic thread with a very light and stretchy thread), launched in 1958 by Dupont of Nemours, provided lightness, elasticity and resistance to the sun, chlorine and salt. Frames and linings disappeared to replaced by brassieres. The bikini turned into a truly feather-light costume that dried in seconds. "Ouistiti petit bikini" [~ "Funny little bikini"] as the singer Dalida put it. While everyone was closely monitoring the slightest trace of a costume on their sun-drenched skin, Louis Réard (him again) launched the monokini in 1964, closely followed by the Brazilian "tanga" (tiny in front, nothing behind) which provided an almost complete tan, and which were the rage on the beaches of Saint-Tropez. In tandem with this, there was a reappearance of short skirts, bare backs- more sun-

Le bikini est créé en 1946 par Louis Réard, et présenté au public quelques jours seulement après le premier essai nucléaire américain sur l'atoll de Bikini.
The bikini was created in 1946 by Louis Réard, and presented to the public just days after the first American nuclear test on the Bikini atoll.

Représentation du ballet *Le Train bleu*.
Carole Arbo et Nicolas Le Riche.
Opéra national de Paris, 1992.
Photo : Jacques Moatti.

bathing, which provided the link between beach and dinner.

From the 70s, the sun-bathing became a must : you needed a quick, safe tan, as claimed by the Bernard Villemot Bergasol poster. Products had to match each skin type. Creams, oils, protective or filtering, or with added bronzing agents. The beach wardrobe had reduced to the costume and the pareo, a symbol of exoticism and distant reveries.

It was only in the 80s that the one-piece returned, sculpting the body and sometimes even more suggestive than near-nudity. But this was not the end of the bikini: in 1996, it returned with a vengeance, just as in the 60s, à la Bardot with the half-cup or as worn by Ursula Andress in the Bond film Dr No, with a belt on the brief. The reality of customs and practices is a complex one and the development of the costume is more than skin deep.

Marie Christine GRASSE

Cannes.
La plage.
1996.
*(Collection musée d'Art
et d'Histoire
de Provence, Grasse.)*

les anneés solaires

La riche villégiature d'hiver a commencé sur la Côte d'Azur ou Riviera française il y a plus d'un siècle. La Société monégasque des bains de mer, qui gère le casino, est fondée en 1863. C'est au cours du siècle suivant que s'affirment la détente estivale et le tourisme de masse, correspondant à une mutation des mentalités mais aussi à la naissance de produits et de vêtements nouveaux.

Jusqu'aux années vingt, l'idéal féminin est tout de pâleur et de fragilité. Sous leurs ombrelles, les femmes de la bonne société ont l'obsession de la blancheur. Elles se protègent des rayons du soleil grâce à des tenues adéquates : gants, larges capelines, voilettes et ombrelles à l'image des modèles de Monet. Elles fardent leur visage avec du blanc de lys, du blanc de perle, se poudrent la peau et blanchissent leurs mains avec de la pâte d'amandes et de la farine de guimauve. Dans la haute bourgeoisie, des recettes secrètes se transmettent de mère en fille, pour garder cette carnation diaphane et transparente, pour atténuer les taches de rousseur et blanchir la peau, louée par les hommes. Seules les femmes du peuple affichent un hâle déshonorant.

Après la Première Guerre mondiale les canons de la mode changent. La femme s'émancipe, Paul Poiret la libère du corset. Dans les villes, les femmes abandonnent les ombrelles, les chapeaux à large bord, les voilettes et affichent leur liberté avec des cheveux coupés courts, « à la garçonne » qu'elles coiffent d'un chapeau cloche à bord étroit. Les Parisiens embarquent gare Saint-Lazare vers les nouvelles villes balnéaires comme Cabourg ou Deauville, qui ne sont qu'à cinq heures de train, pour goûter les nouveaux plaisirs de l'air, du soleil et de la mer. En 1925, mademoiselle Chanel expose son visage au soleil à Deauville. L'Europe s'industrialisant, ouvrières et employées arborent elles aussi

Étiquette Guérin frères.
Coco Nutvil.
6 cm x 8,2 cm.
Grasse.
(Collection musée international de la Parfumerie, Grasse.)

Ambre solaire.

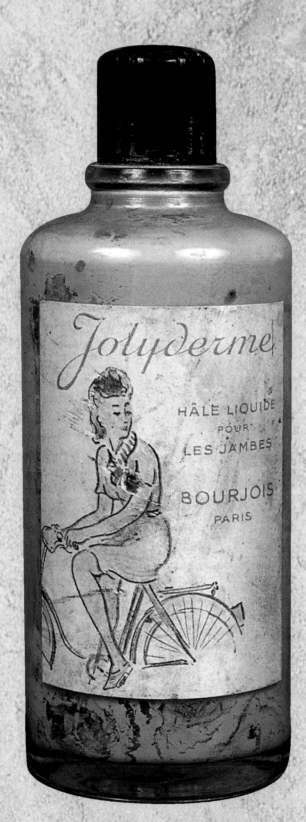

Bourjois.
Joliderme.
(Collection musée international de la Parfumerie,
Grasse.)

un teint pâle. Pour la bourgeoisie, à la recherche d'un signe de distinction, les valeurs s'inversent : posséder un teint hâlé devient le nouvel emblème de la vie moderne, un signe extérieur de richesse. Non seulement on n'hésite plus à exposer son corps au soleil, mais il devient même de bon ton de s'y promener, de s'y prélasser. Aux recettes pour éclaircir le teint succèdent celles pour brunir. Nivéa prend très tôt conscience du fait que le bronzage et la protection de la peau vont de pair et, dès 1922, la crème Nivéa proclame un effet rafraîchissant et calmant. En 1927, Jean Patou lance l'huile de Chaldée, premier produit solaire qui protège l'épiderme et atténue les coups de soleil. En 1930, Nivéa recommande à son tour sa crème pour la protection solaire, suivie d'une huile solaire « spéciale » ; mais tous ces produits ne sont pas en mesure d'offrir une protection suffisante. En 1934, Delial est le premier produit solaire lancé sur le marché contenant un agent anti-UV sélectif hautement efficace, capable de protéger la peau contre les coups de soleil tout en lui permettant de brunir. Les laboratoires de la société Bayer mettent au point un filtre solaire anti-UV B, l'acide phénylbenzimidazolsulfonique, pour lequel une demande de brevet est effectuée le 1er avril 1933. Le produit solaire Delial fabriqué avec cet agent anti-UV B est présenté sous forme de crème protectrice et bronzante, favorisant une pigmentation sans érythème et convenant aux peaux sensibles. L'acide phénylbenzimidazolsulfonique (Néo Heliopan) est encore aujourd'hui l'un des agents anti-UV les plus importants et se retrouve dans de très nombreux produits solaires.

En 1936, avec l'avènement des congés payés, commence l'ère des loisirs : pique-nique de week-end pour les uns, mais surtout vacances à la mer pour les autres. Le règne d'Ambre Solaire des laboratoires L'Oréal s'impose, avec son nom évocateur de rêve et de chaleur, son parfum de senteur qui flotte sur les plages, sa bouteille crantée pour Fviter qu'elle ne glisse des doigts. Il deviendra synonyme de vacances et de l'odeur de la plage jusqu'à nos jours. Mais la guerre replonge les français dans l'ombre : à défaut de bas, les femmes utilisent des produits pour se teindre les jambes, que les hommes transforment en brillantine pour les cheveux.

Aux USA, c'est grâce aux forces armées, recommandant aux matelots un dérivé de pétrole (*the red vetenary petrolatum*) pour se protéger des coups de soleil, que la population américaine va découvrir le plaisir des produits de protection solaire. Le premier est la crème Coppertone mise au point par un pharmacien de Miami en 1944. Le flacon

Étiquette Molinard.
Huile de Bronze.
Parfumée à l'Habanita.
4,3 cm x 7,4 cm.
(Collection musée international de la Parfumerie, Grasse.)

Étiquette Jean Giraud fils.
Huile à brunir.
8,8 cm x 4,7 cm.
(Collection musée international de la Parfumerie, Grasse.)

présente sur son étiquette un chef indien ayant pour slogan : *don't be a paleface*. Il faudra attendre 1954 pour que la réclame, dans un style de dessin à la Norman Rockwell représentant une « petite miss Coppertone » vue de dos, dont le short, attrapé par un jeune chien qui s'amuse, nous dévoile une partie blanche de ses fesses toutes rondes, rende mondialement célèbre cette crème.

En Europe, l'essor économique des années cinquante fait naître de nouvelles exigences. Des millions de gens rêvent de voyages. Pour les Anglais, les Allemands, les Français, les vacances sont devenues la seule religion. C'est le début d'une véritable migration vers le soleil et les routes du sud. L'objectif est le bronzage, expression de la santé et du caractère sportif, signe de prospérité et symbole de statut social. Bronzer sans coups de soleil en empêchant la peau de peler désagréablement, c'est ce que promet la publicité de la marque Delial.

L'image grandeur nature de la première pin-up blonde, Suzy, omniprésente devant les drogueries et les bazars des plages attire la convoitise de nombreux admirateurs. Cette pin-up grandeur nature d'Ambre Solaire troublera longtemps les rêves des hommes et deviendra la référence visuelle des publicités de produits solaires.

Si les facteurs de protection solaire ne sont pas indiqués sur les produits, la société Nivéa-Beiersdorf ainsi que certains dermatologues se penchent déjà sur la manière d'évaluer la protection cutanée de ces produits. En 1956, le professeur Rudolf Schulze recommande l'introduction du facteur de protection « Q » comme référence d'évaluation pour les produits antisolaires. « Q » représente un facteur numérique, par lequel peut être multipliée la durée du séjour au soleil des personnes utilisant un produit solaire. Les nombreuses analyses biologiques effectuées par Rudolf Schulze sur des produits du marché font en général apparaître des facteurs de protection situés entre 1,3 et 2,4. Les huiles solaires qui dominent le marché ont un facteur supérieur à 2,5 et sont considérées à l'époque comme parfaitement suffisantes.

À partir des années soixante, le bronzage devient un dû et les fabricants de produits solaires promettent une forte protection contre les coups de soleil, ainsi qu'un hâle rapide et profond. Les messages publicitaires indiquent que seuls les rayons UV, sains et bronzants, atteignent notre peau ; les ondes lumineuses et nocives, qui sont la cause des brûlures, sont transformées en rayons inoffensifs et bronzants. En 1964, la revue allemande *DM-Zeitschrift mit Warentest* publie le compte-rendu d'un test portant sur 18 produits antisolaires existant sur le marché allemand. L'huile solaire Delial est le plus effi-

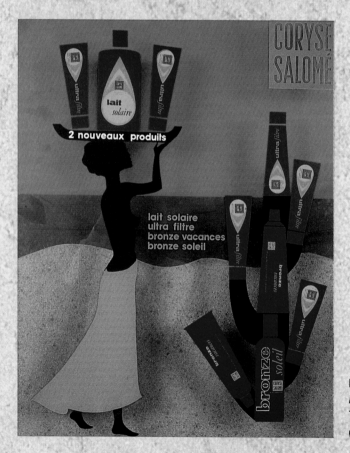

Étiquette Damaure.
Parfumeur, Paris.
Bruni-Plage.
4,5 cm x 8,8 cm.
(Collection musée international de la Parfumerie, Grasse.)

PLV Coryse et Salomé.
Deux nouveaux produits.
71 cm x 55 cm.
(Collection musée international de la Parfumerie, Grasse.)

cace. Deux ans après, plus de cent produits existent sur le marché, dont 25 sont des huiles solaires ; la fondation d'étude des produits Stifung Warentest teste des huiles solaires et détermine un nouveau facteur de protection.

Les tests sont effectués sur l'homme et consistent en une exposition aux rayons d'une lampe à tube de quartz selon la méthode de Rudolph Schulze. Les huiles ayant un facteur de protection solaire de 2 à 2,2 reçoivent la mention bien, et très bien à partir de 2,3. En 1962, Franz Greiter lance la notion de « facteur de protection solaire », qui apparaît sur le conditionnement Piz Buin à partir de 1966 avec valeur d'indication formelle.

À partir des années soixante-dix, le hâle doit s'acquérir vite et sans danger, selon le principe de Bergasol. Les produits doivent donc s'adapter à chaque nature de peau. Aux crèmes et huiles, qui ne sont que protectrices et filtrantes, s'ajoutent les activateurs de bronzage.

Mais c'est également l'époque où le mouvement écologique prend de l'importance et les dermatologues attirent l'attention de la population sur le fait qu'un bronzage de vacances exagéré est tout sauf sain. Les fabricants de produits solaires continuent à vanter leurs produits avec des messages tels que : *confère un bronzage vraiment chic, pour une peau merveilleusement brune en peu de temps, bronzage naturel et durable* ou *pour un bronzage idéal.* Si l'offre en produits de protection solaire augmente, 25 % de ceux-ci indiquent un facteur de protection. Ceux dont le facteur va jusqu'à 2,5 sont considérés comme faiblement efficaces, les facteurs compris entre 2,5 et 4 offrent une protection solaire moyenne et ceux compris entre 4 et 6 une forte protection. En 1975, Piz Buin est la première marque à souligner dans sa publicité le fait que son produit soit résistant à l'eau. Un an plus tard, l'indication du facteur de protection s'est pratiquement généralisée sur tous les emballages. En 1977, Helmut Ippen, Udo Hoppe, Hagen Tronnier et A. Wiskemann publient pour le compte de la Société allemande de recherche optique et sur la demande de l'Association de l'industrie des produits cosmétiques et de lessives, des recommandations pour la standardisation de l'évaluation biologique des produits de protection solaire. Des produits de facteur 10 sont proposés pour une très forte protection. Le facteur 4 occupe la première place sur le marché. Produits de soins, les laits solaires sont de plus en plus appréciés et atteignent 64 % de part du marché.

En septembre 1978, la FDA publie la première réglementation américaine, en proposant des facteurs de protection et en demandant aux

Étiquette Valombré
Parfumeur.
*Brunor, Bronzé au soleil
sans brûlures.*
5,9 cm x 2 cm.
*(Collection musée
international
de la Parfumerie, Grasse.)*

Laboratoire J.C. Ossola.
Lait à brunir.
J. del Deveze.
72,5 cm x 56 cm.
1960.
(Collection musée international de la Parfumerie, Grasse.)

Bergasol.
B. Villemot.
127,5 cm x 90 cm.
1975.
*(Collection musée international
de la Parfumerie, Grasse.)*

industriels d'avertir les consommateurs qu'une forte exposition solaire peut occasionner un vieillissement prématuré de la peau et des cancers cutanés. Si cette réglementation n'est pas obligatoire, elle est néanmoins suivie par la totalité de l'industrie. Cette réglementation pose une question qui reste d'actualité : les produits solaires sont-ils des médicaments car ils protègent, ou des cosmétiques car ils embellissent la peau ?

Dans les années quatre-vingt, le bronzage classique domine encore ; pourtant, chez les fanatiques du soleil s'installe insensiblement un sentiment de responsabilité vis-à-vis de leur peau. Les avertissements médicaux et le cancer de la peau du Président des États-Unis, Ronald Reagan, font prendre conscience à la population américaine des risques d'une exposition solaire prolongée. Bronzer sans abîmer la peau est à l'ordre du jour. La demande d'une protection accrue entraîne une consommation des produits de facteur 6 et de ceux résistant à l'eau. On recourt aussi aux filtres à spectre large UV-A et UV-B pour protéger la peau contre un vieillissement prématuré. En 1985 est publiée en Europe la norme DIN 67501 portant sur l'évaluation dermatologique expérimentale de la protection des produits anti-solaires. Un nouveau concept apparaît : bronzer à tout prix appartient au passé, la protection solaire ne doit pas seulement empêcher le coup de soleil, mais aussi les détériorations de la peau.

Dans les années quatre-vingt-dix, la nouvelle tendance est au bronzage tranquille et les produits solaires proposent une protection à actions multiples. La presse, comme le *Nouvel Observateur* en France, fait la une avec un article, *Bronzer sans vieillir*. Les filtres UV A et UV B protègent la peau contre les coups de soleil et préviennent son vieillissement prématuré ; des micropigments ont une action supplémentaire contre les rayons infrarouges ; des substances hydratantes et soignantes empêchent la peau de se dessécher et lui conservent toute son élasticité. La publicité attire désormais l'attention sur des facteurs de protection élevés. La mode est aux produits antisolaires pou peaux sensibles ; la vitamine E, qui assure une protection cellulaire est mise en avant. Il existe désormais des gels, des huiles, des laits, des crèmes, des baumes et des produits spécifiques pour chaque type de peau, pour les enfants, contre les rides du visage, et même pour les cheveux. Aujourd'hui, les produits antisolaires aux facteurs de protection supérieurs à 8 sont majoritaires sur tous les marchés. Le groupe H & R Florasynth est l'un des premiers producteurs d'agents anti-UV.

Jean-Claude ELLENA et Roland LANDGER

Affiche Ambre solaire.
Anonyme.
133 cm x 95 cm.
Vers 1950.
(Collection bibliothèque
Forney, ville de Paris.)

the sun years

The rich winter holiday-making habit began on the Côte d'Azur or the French Riviera more than a century ago. The Monacan Sea Bathing Company which managed the casino, was founded in 1863. It was during the following century that summer holidays and mass tourism really took hold, in tandem with a change in mentality but also with the emergence of new products and a types of dress.

Until the 20s, the feminine ideal was above all pallor and fragility. Under their parasols, the obsession of high society women was whiteness. They protected themselves from the sun's rays with appropriate attire: gloves, large wide-brimmed hats, veils and umbrellas in the image of Monet models. They covered their faces with lily white and pearl white, powdered their skins and whitened their hands with almond paste and marshmallow powder. The haute bourgeoisie passed down secret recipes from mother to daughter, for keeping this carnation diaphanous and transparent, for hiding any redness and creating the white skin so highly prized by men. Only the lower orders of women sported a dishonourable tan.

After the first world war fashion marched to a different tune. Women became emancipated, and Paul Poiret freed them from the corset. In the towns, women abandoned their umbrellas, their wide-brimmed hats and veils, and displayed their freedom in the form of short hair "the urchin cut" which they wore under a narrow-brimmed cloche hat. Parisians took the train from the gare Saint-Lazare for new bathing towns such as Cabourg and Deauville, which were just a five-hour train ride away, to sample the new pleasures of fresh air, sun and sea. Europe became more industrialised and both male and female workers had a pallid complexion. And for the bourgeoisie, looking for a distinguishing trait, there was an inversion of values: a tan became a new symbol of modern times, an external manifestation of prosperity. Not only was there no longer any hesitation in exposing one's body to the sun, but it even became the done thing to walk about and bask in it. Recipes for whitening the skin were replaced with those to darken it. Very early on Nivéa realised that sun-bathing and skin protection went hand-in-hand and, from 1922 Nivéa cream was proclaiming its refreshing and calming effects. In 1927, Jean Patou launched his Chaldée oil, the first sun product to protect the epider-

Affiche Mosquitox.
24 cm x 32 cm.
Vers 1955.
(Collection bibliothèque Forney, ville de Paris.)

Étiquette Hâle solaire.
La Beauté française.
5 cm x 3 cm.
*(Collection musée international
de la Parfumerie, Grasse.)*

mis and mitigate the effects of the sun's rays. In 1930, Nivéa next recommended its own sun protection cream, followed by a "special" sun oil; but none of these products offered sufficient protection.

In 1934, Delial was the first sun product launched on the market to contain a selective anti-UV agent, which was highly efficient and was capable of protecting the skin against the sun while at the same time enabling tanning to take place. The Bayer laboratories perfected an anti-UV B filter, phenylbenzimidazolsulphionic acid, for which a patent was applied on the 1st of April 1933. The Delial sun product, manufactured with this anti-UV B agent was presented in the form of a protective, tanning cream, aiding pigmentation without inflammation, and suitable for sensitive skins. Phenylbenzimidazolsulphionic acid (Neo Heliopan) is today one of the most important anti-UV agents and is found in a very large number of products.

1936, with the emergence of paid leave, saw the dawn of the era of leisure activities: week-end picnics for some, but primarily sea-side holidays for others. This was also the beginning of the reign of the Oréal Laboratories' Ambre Solaire, with its name conjuring images of reverie, warmth, with its perfume drifting over the beaches, and its notched bottle to avoid it slipping out of your hands. It was to become synonymous with holidays and the perfume of the beaches, which endures even now. But the war plunged France back into the shadows: and in default of stockings, women used other products to colour their legs, the male equivalent of which was brilliantine for the hair.

In the USA, it was the armed forces who recommended a form of petroleum (red vetenary petroleum) to protect themselves from the sun, which led to the general public discovering the pleasure of sun protection. The first was a Coppertone cream which was perfected by a Miami pharmacist in 1944. The bottle carried a label showing an Indian chief and the slogan "don't be a paleface". It was not until 1954 that the advertisement with a Norman Rockwell-style image representing a "little Miss Coppertone" seen from the back in a pair of shorts which a playful little dog has got hold of and is pulling down to partly reveal the white part of her rounded bottom, which made this cream world-famous.

In Europe, the economic upturn of the 50s gave birth to new expectations. Millions dreamed of travel. For the English, Germans and French holidays became the only religion. This was the start of a veritable migration to the sun and the roads to the South. The objective

Étiquette Piz Buin.
14,3 cm x 7,5 cm.
(Collection musée international de la Parfumerie, Grasse.)

Nouvelle gamme solaire hydratante.
Bronzez en sécurité.

L'été ne dure qu'un temps. Profitez pleinement de ce temps. Sachez recevoir du soleil ce qu'il a de meilleur.

Utilisez les produits solaires RoC, vous éviterez brûlures et rougeurs. Vous passerez en douceur de la peau claire au hâle léger, puis du hâle au bronzage. Seul un bronzage progressif peut être harmonieux et durable.

Dans la nouvelle gamme solaire RoC, les formules ont été expérimentées avec l'aide d'un simulateur solaire très fiable pour obtenir la meilleure efficacité.

En outre, les produits sont étudiés pour freiner la déshydratation et garder l'épiderme souple et doux.

Leurs textures sont légères et agréables. Les coefficients de protection (3 à 10) sont adaptés à tous les types de peau et minimisent les risques dus aux expositions répétées au soleil. La plupart des produits résistent à l'eau.

Dans les cas où une protection totale de tout ou partie de l'épiderme est nécessaire, la crème écran total et le nouvel écran facial en boîtier extra-plat sont recommandés, leur coefficient 10 A + B assure la protection requise.

RoC, c'est le bronzage intelligent. Bronzage de celles qui connaissent les bienfaits du soleil et en refusent les dangers. RoC, l'intelligence au soleil.

PRODUITS SOLAIRES HYPO-ALLERGÉNIQUES* SANS PARFUM VENDUS EN PHARMACIE

*Formulés pour minimiser les risques d'allergie.

Roc.

was sun-bathing- that manifestation of health and sportiness, a sign of prosperity and symbol of social standing. Tanning without sun-burn, by preventing the unpleasant peeling of the skin, was what was promised by the Delial brand advertising.

Suzy the first blonde pin-up emerged on the shores of the Atlantic and the Mediterranean in 1948, clad in a large straw hat and wearing a daring bikini that revealed her navel. Her life-size image was omni-present in all the chemists and beach boutiques and attracted nume-rous admirers. This life-size Ambre-Solaire pin-up was to disturb the imagination of men for many years to come and became a visual benchmark for sun product advertising.

Although sun protection factors were not given on sun products, Nivéa-Beiersdorf and some dermatologists were already addressing the question of how to evaluate the degree of skin protection provided by these products. In 1956, professor Rudolf Schulze recommended the introduction of the "Q" protection factor, as a reference for eva-luating sun protection products. "Q" represented a numerical factor, by which the duration of exposure to the sun by someone using the product should be multiplied. The many biological analyses carried out by Rudolf Schulze on products on the market led to the general appearance of protection factors of between 1.3 and 2.4. The sun oils that dominated the market had a protection factor of more than 2.5 which, at the time was considered more than adequate.

From the sixties, tanning became a must and manufacturers of sun products promised high levels of protection against sun-burn, as well as rapid and deep tanning. The advertising explained that that only UV rays, which were healthy and tanning could reach our skin, and that harmful light waves which caused burning were transformed into harmless tanning agents. In 1964 the German journal DM-Zeit-schrift mit Warentest published a report of a test on 18 anti-sun pro-ducts currently on the market. Delial sun oil was the most effective. Two years later, more than a hundred products had reached the mar-ket, of which 25 were sun oils; the Stiftung Warentest foundation for the study of products tested sun oils and determined a new protection factor.

Tests were carried out on human subjects and consisted of exposure to quartz sun lamp rays using the same method as Rudolph Schulze. Oils having a protection factor of 2 to 2.2 were commended and those higher than 2.3 highly commended. In 1962, Franz Greiter launched the concept of "sun protection factor", which appeared on the Piz

PLV Cyprine.
Bronzer en douceur.
80 cm x 60 cm.
(Collection musée international de la Parfumerie,
Grasse.)

Étiquette *Huile solaire Atao.*
4,2 cm x 3 cm.
(Collection musée international
de la Parfumerie, Grasse.)

Buin packaging from 1966 with a formal indication of this value.

From the 70s, quick and safe tanning became the essential, according to the Bergasol principle. Products thus had to adapt to each skin type. Bronzing agents were also added to creams and oils which had hitherto only had protective and filtering qualities.

This was also the period when the ecological movement grew in importance and dermatologists drew people's attention to the fact that an excessive holiday tan is anything but healthy. Manufacturers of sun products continued to make claims for their products with messages such as : for a really chic tan, for a wonderful brown skin with quick results, natural and lasting tan, or for the ideal tan. While the range of sun protection products increased, only 25% gave an indication of the protection factor offered. Those with a factor up to 2.5 were considered to be only slightly effective while those with a factor between 2.5 and 4 offered medium protection and those between 4 and 6- a high level of protection. In 1975 Piz Buin was the first brand to emphasise water resistant properties in their advertising. A year later, indication of the protection factor was almost universal on all packaging. In 1977, on behalf of the German Society for Optical Research, Helmut Ippen, Udo Hoppe, Hagen Tronnier and A. Wiskemann, at the request of the Association of the Cosmetics and Washing Powders Industries, published recommendations for the standardisation of biological evaluation of sun protection products. Products with a factor of 10 were proposed as offering a high degree of protection. Factor 4 was the most prominent on the market. Care products and sun lotions were increasingly popular and soon attained a 64% market share.

In September 1978 the F.D.A. published the first American legislation in this field, proposing protection factors and requiring manufacturers to warn consumers that high levels of exposure to the sun can cause premature skin ageing and skin cancers. Although this legislation was not compulsory, it was none-the-less adhered to the whole industry sector. This legislation raised an issue which is still valid, which is whether sun products are a medicine because they provide protection, or cosmetic because they beautify the skin.

In the 80s the classical approach to sun-bathing was once again dominant; and even amongst the most fanatical sun-worshippers a feeling of the need for a responsible approach to their skin took hold. The US president Ronald Regan's medical advertisements on skin cancer, raised the awareness of the American population of the risks of prolon-

À la plage.
René Bouet-Willaumez.
Encre noire et aquarelle.
47 cm x 65 cm.
1959.
(Collection galerie Bartsh & Chariau, Munich.)

ged exposure to the sun. Tanning without damaging your skin was the order of the day. The need for added protection led to increased use of factor 6 products and of those which were water-resistant. Wide-spectrum UV A and UV B filters were also used to protect the skin against premature ageing. In 1985 the DIN 67501 European standard was published, relating to experimental dermatological evaluation of anti-sun products. A new concept emerged: the tan at all costs was a thing of the past, and sun protection now not only needed to prevent sunburn but also deterioration of the skin.

In the 90s, the new trend was for tanning with peace of mind and sun products offered multiple action protection. The press, such as the Nouvel Observateur *in France were quick to make the same point in an article entitled* Tanning without ageing. *UV A and UV B filters protect the skin against burning and prevent premature ageing: micro-pigments have an additional action against infrared rays; moisturising and soothing substances prevent the skin from drying out and retain its elasticity. Advertising drew people's attention to high levels of protection. The fashion favoured anti-sun products for sensitive skins, and the properties of vitamin E which provided cellular protection, were also promoted. Gels, oils, lotions, creams, balms, products specific for all skin types, products for children, products for wrinkles and even for the hair. These days, anti-sun products with protection factors higher than 8 are the ones dominating the market. The group H & R Florasynth were among the first to produce anti-UV agents.*

Jean-Claude ELLENA et Roland LANDGER

la peau et le soleil en six questions

Publicité Jean Patou.
Huile de Chaldée.
Années 1930.
(Collection Jean Patou,
Paris.)

Jean Patou.
Premier flacon de l'*Huile de Chaldée* .
Cristal de Baccarat.
1927.
(Collection Jean Patou, Paris.)

Par nécessité ou bien souvent pour notre plaisir, nous nous exposons au soleil. Parmi les rayons lumineux qui arrivent sur terre, ce sont plus précisément les ultraviolets, invisibles pour l'œil, qui ont un effet sur notre peau.

On les distingue schématiquement en UV A, de grande longueur d'onde, et UV B de longueur d'onde plus courte. Leur rayonnement est d'autant plus intense que le soleil est plus haut sur l'horizon (milieu de journée, été, régions situées près de l'équateur), ou que l'altitude à laquelle nous nous trouvons est grande.

S'il a un rôle bénéfique – sa lumière est indispensable pour notre vie – le soleil peut également avoir des effets néfastes sur la peau. Nous connaissons tous, pour l'avoir plus ou moins subi, le coup de soleil mais, à plus long terme, le vieillissement et les cancers cutanés nous inquiètent.

Heureusement, la peau constitue un excellent organe de protection grâce à sa capacité de pigmenter mais également de s'épaissir lorsqu'elle est exposée à la lumière solaire. On parle de « photoprotection naturelle ».

Toutes les peaux ne sont cependant pas égales dans leur pouvoir de protection et il existe des « phototypes » différents selon la couleur de la peau, la sensibilité aux coups de soleil et la capacité de brunir.

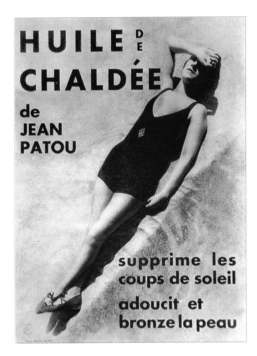

Publicité Jean Patou
pour *Huile de Chaldée*.
Années 1930.
(Collection Jean Patou, Paris.)

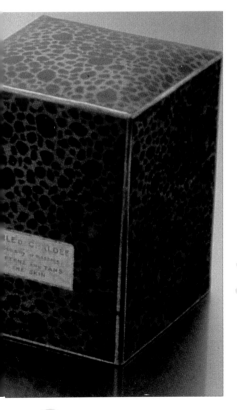

• *POURQUOI ATTRAPONS-NOUS UN COUP DE SOLEIL ?*

Il s'agit d'une inflammation de la peau qui devient rouge et sensible ; c'est un signal d'alerte. Il signifie que la peau a été dépassée dans son rôle de protection soit parce que la dose de soleil (surtout les UV B) reçue a été forte, soit parce que les fonctions protectrices de la peau sont trop faibles (peau de bébé trop fine, médiocre capacité de bronzage).

• *À QUOI CORRESPOND LE BRONZAGE ?*

La peau possède dans son épiderme des cellules, les mélanocytes, spécialisées dans la fabrication de pigment, la mélanine, qui absorbe les rayons ultraviolets. Sous l'influence du soleil, ces cellules vont augmenter leur production et distribuer ce pigment aux autres cellules de l'épiderme. La peau va progressivement changer de couleur : c'est le bronzage. Il faut en moyenne trois semaines pour obtenir un bronzage maximal.

Malheureusement, il existe plusieurs variétés de mélanine dont les capacités d'absorption des ultraviolets sont différentes : les mélanines foncées sont d'excellents écrans alors que les mélanines rousses sont de piètres photoprotecteurs. Elles pourraient même aggraver les effets du soleil par production de radicaux libres toxiques. Chez chacun d'entre nous, il existe un savant mélange de ces mélanines, allant de la peau noire aux sujets les plus clairs.

Tout le monde ne peut pas brunir de la même façon : un sujet de phototype moyen ou foncé bronzera vite et sera donc rapidement protégé ; par contre, un sujet de peau claire ou rousse bronzera peu ou mal, attrapera facilement un coup de soleil et verra ses risques de vieillissement prématuré de la peau et de cancers cutanés plus élevés. Il paraît donc illusoire et dangereux de vouloir faire bronzer un sujet roux et il est nécessaire de proposer à ces individus une protection supplémentaire (vêtements, chapeau, crème et écran solaires de forte protection) et de leur conseiller des habitudes de consommation solaire modérées.

• *EST-IL DANGEREUX DE BRONZER ?*

Oui et non : le bronzage est un phénomène naturel, variable selon les sujets. Ce qui n'est pas naturel c'est de vouloir le forcer : la couleur « pain d'épice » est bien souvent un coup de soleil masqué par un bronzage, avec tous les risques que cela comporte pour les années futures.

Il faut savoir user du soleil et non en abuser, ne pas cumuler de façon importante des séances d'ultraviolets à visée esthétique et les expositions solaires (un maximum de 10 séances d'ultraviolets par an ne doit pas être dépassé).

• PEUT-ON ACTIVER LE BRONZAGE ?

On trouve sur le marché un grand nombre de produits qui revendiquent cette capacité. Il s'agit souvent de précurseurs de la mélanine, ou d'oligo-éléments intervenant dans sa fabrication, mais parfois de produits photosensibilisants (psoralènes d'origine végétale) qui provoquent une réaction de la peau avec les UV A du soleil, donnant ensuite une « cicatrice » pigmentée. Ici aussi, il faut savoir ne pas forcer son bronzage : une personne de type clair ou roux n'a aucun intérêt à voir augmenter sa production de mauvais pigment, et on ne doit pas lui recommander ce type de produits.

• COMMENT SE FAIT LE DÉBRUNISSEMENT ?

Il s'agit d'un phénomène progressif pouvant durer plusieurs semaines. Il correspond à la diminution de la stimulation de la production de mélanine par arrêt des expositions solaires et à la disparition progressive des cellules épidermiques imprégnées de mélanine.

• QU'EST-CE QU'UN AUTOBRONZANT ?

Il s'agit d'une substance chimique capable de se combiner à la couche la plus superficielle de notre peau en prenant une couleur brune qui simule le bronzage. Ces produits ne protègent évidemment pas du soleil : ils n'empêcheront ni coups de soleil ni les effets à long terme. Il est nécessaire de leur associer une crème protectrice en cas d'exposition au soleil.

Profitons donc du soleil, mais sachons l'utiliser : connaissons nos propres capacités de protection cutanée, évitons les expositions en milieu de journée sans photoprotection.

Dr Jean-Louis PEYRON

Jean Patou.
Huile de Chaldée.
1958.
(Collection bibliothèque municipale de Grasse.)

Gellé Frères.
Lait pour blanchir.
Fin XIX* siècle.
(Collection musée international de la Parfumerie, Grasse.)

the skin and the sun

Through necessity or as often as not, for pleasure, we expose ourselves to the sun. Amongst the rays that reach the earth, ultraviolet rays, which are invisible to the naked eye, are the ones that affect the skin. These rays are schematically divided into UV A which has the longer wavelength, and UV B with a shorter wavelength. Their radiance become more intense as the sun moves higher in the sky (midday, summer, areas near the equator), or when at high altitudes.

Although it has a beneficial effect (its light is essential to life), the sun can also have a harmful effect on the skin. Most of us have experienced sunburn, but in the longer term, the ageing effect and skin cancers are a cause for concern.

Fortunately for us the skin is an excellent protective organ due to its capacity to pigment, but also to thicken when exposed to sunlight. This is "natural photoprotection".

All skins are not equal in their capacity to provide protection and there are different "phototypes" according to skin colour, sensitivity to sunburn and tanning capacity.

• *WHY DO WE GET SUNBURNT?*

This is caused by an inflammation of the skin which becomes red and sensitive; this is a warning sign. It means that the skin has had its protective capacity exceeded, because the dose of sunlight received (above all UV Bs) was too great, or because the protective action of the skin is insufficiently strong (such as a baby's skin which is too fine, or in cases of a low tanning capacity).

• *WHAT HAPPENS WHEN TANNING TAKES PLACE?*

The skin has cells in its epidermis (melanocytes) which specialise in producing pigments: melanin, which absorbs ultraviolet rays. Under the influence of the sun, these cells increase production and distribute this pigment to other cells in the epidermis. The skin progressively changes colour: this is tanning. It generally takes about three weeks to get a maximum level of tan.

Unfortunately there are many types of melanin whose ultraviolet absorption capabilities are different: dark melanins are excellent screens, while reddish melanins are poor photoprotectors (they can even exaggerate the effects of the sun by producing toxic free radicals). Each of us has a subtle balance of these melanins, from those with a dark skin to those with lighter skins.

Not everyone can tan in the same way: an average or dark phototype will tan quickly and will thus be quickly protected; on the other hand someone with light or reddish skin will tan badly or hardly at all and will be at a higher risk of premature ageing of the skin and skin cancers. It would seem both pointless and dangerous to try to give a light-skinned person a tan, and such people should be offered additional protection (clothing, a hat, cream and high protection sun screens) advised to be moderate in their exposure to the sun.

• IS SUN-BATHING DANGEROUS?

Yes and no; tanning is a natural phenomenon, which varies from person to person. What is unnatural is to try to force it: the "spiced bread" colour is often actually sunburn masked by a tan, with all the risks this entails for later life.

One has to know how to use and not abuse the sun, and not to notch up significant sessions of UV and sun exposure for aesthetic reasons (a maximum of 10 UV sessions a year should not be exceeded.)

• CAN TANNING BE ACTIVATED IN OTHER WAYS?

There are many products on the market that make this claim. Precursors of melanin, or oligo-elements are often used in manufacture, but also sometimes photo-sensitising agents (such as psoralenes, of vegetable origin) which cause a reaction of the skin with the sun's UVA rays, leading to pigmented "scarring". Here too, one should be aware of the need not to force tanning: a light-skinned person should avoid increasing production of bad pigment, and such products are contraindicated.

• HOW DOES A TAN DISAPPEAR?

This is a gradual phenomenon which can last for several weeks and corresponds to a reduction in stimulation of melanin production by stopping exposure to the sun, and the gradual disappearance of the cells in the epidermis that were impregnated with melanin.

• WHAT IS A SELF-TANNING CREAM?

This is a substance which can combine with the outermost layer of skin and assume a brown colour which simulates tanning. These pro-

Publicité Piz Buin.
1994.

Publicité Delial.
1934.

ducts obviously provide no sun protection and do not prevent sunburn or long-term effects. They should be combined with a protective cream for sun-bathing.

Let us therefore enjoy the sun, but use it wisely: we should be aware of our skin's protective capacity, and avoid exposure in the middle of the day without some form of photoprotection.

Dr Jean-Louis PEYRON

Publicité Nivéa Crème.
1922.

Publicité Nivéa.
1957.

Publicité Delial.
1953.

soleil, mode d'emploi

• INDICES, FILTRES ET ÉCRANS

Pour attraper un coup de soleil il faut s'exposer pendant une durée qui dépend du type de la peau (phototype) et de l'environnement soleil. Pour un même coup de soleil, on peut s'exposer plus longtemps si l'on utilise une crème photoprotectrice. On peut, ainsi s'exposer cinq fois plus longtemps avec une crème dont l'indice de protection est de 5.

Exemple : sans photoprotecteur, coup de soleil en 10 minutes. Avec un photoprotecteur d'indice 5, le même coup de soleil ne s'observe qu'après 50 minutes.

La définition des indices est assez complexe et il est préférable de s'en tenir aux quatre grandes catégories suivantes :
– produit ne contenant pas de photoprotecteur ;
– produit de photoprotection moyenne ;
– produit de haute photoprotection ;
– produit de très haute photoprotection.

Suivant son usage, une crème solaire est donc composée de filtres et d'écrans.

Les filtres utilisés dans les produits photoprotecteurs sont des molécules dont le mode d'action s'apparente à celui des lunettes de soleil : seule une partie de la lumière traverse le filtre.

Les écrans sont constitués de particules microscopiques blanches (souvent de l'oxyde de titane) qui réfléchissent la lumière à la manière d'un miroir. La formulation des écrans est difficile car si les particules sont grosses, la lumière est bien réfléchie, mais la crème est opaque et transforme l'utilisateur en Pierrot. Lorsque, au

Tan O Tan.
Lotion pour bronzer sans soleil.
(Collection musée international
de la Parfumerie, Grasse.)

contraire, les particules sont trop petites, la lumière passe sur les côtés et diffracte.

D'une manière générale, les écrans sont mieux tolérés par la peau que les filtres.

• LE SOLEIL ET L'OPTIMISME

L'hiver, une lumière solaire insuffisante rend triste, maussade : cet état porte le nom de dépression saisonnière. L'été, le soleil rend plus gai, plus optimiste, la force musculaire augmente, ainsi que la résistance à la fatigue. Quand on est mieux dans sa peau, la peau est forcèment plus belle.

Ce mieux être est dû à la photo-destruction par la lumière du jour de la mélatonine produite la nuit. Si la lumière est insuffisante, l'hiver par exemple, la mélatonine n'est pas détruite et sa présence peut être à l'origine de cette dépression saisonnière.

L'âge venant, il faut davantage de lumière pour éliminer la mélatonine, ce qui peut expliquer le mouvement migratoire hivernal vers le sud : la Côte d'Azur et le Pays basque pour les Français, Brighton pour les Anglais, Miami pour les Américains.

• LE SOLEIL ET LA DESQUAMATION

Rajeunir la peau c'est souvent lui retirer l'excès de couche cornée et accroître ainsi la desquamation. Aujourd'hui ce sont les préparations contenant des acides de fruits qui sont à la mode. Avec un petit coup de soleil (2 doses érythémateuses minimum) la peau ne « pèle » pas, mais l'exposition provoque une desquamation insensible et deux fois plus importante.

• LE SOLEIL ET LE REMODELAGE DE LA PEAU

La peau est constituée de trois couches successives : l'épiderme, dont la partie la plus superficielle est la couche cornée (les mélanocytes sont à la base de l'épiderme), le derme qui soutient et nourrit l'épiderme, et l'hypoderme composé de cellules graisseuses.

Le derme, dont le réseau est très lâche, peut être comparé à une éponge remplie d'une solution visqueuse. Il est constitué d'une protéine de soutien, le collagène, et d'une protéine élastique, l'élastine. Avec le temps, « l'éponge » devient de plus en plus lâche et les fibres de collagène et d'élastine se détériorent. L'épiderme suit les « vallonnements » du derme, en visualise les altérations et marque les rides. Une exposition au soleil provoque d'abord une élimination des anciens

Étiquette du Laboratoire Claireval.
Lotion brunissante.
6,3 cm x 4,3 cm.
(Collection musée international de la Parfumerie, Grasse.)

constituants de l'architecture du derme, l'« éponge » de collagène et d'élastine, qui sont rapidement remplacés par une quantité importante de jeunes molécules. Toute l'activité cellulaire du derme s'accroît.

Avec une exposition excessive au soleil, à long terme, les synthèses sont trop nombreuses et les molécules, surtout celles d'élastine, perdent une partie de leurs qualités mécaniques : ces modifications induisent ce que l'on désigne par l'élastose solaire du vieillissement photo-induit.

Au contraire une exposition modérée peut régénérer et remodeler le derme. La longueur d'onde, l'intensité et la fréquence exactes de ces UV rajeunissants restent à découvrir : elles ouvriront une nouvelle voie de la photo-cosmétologie.

• VITAMINE

Le soleil a une action vitaminique bien connue. Sous l'action des UV B, le 7-dehydro-cholestérol est transformé dans la peau en cholécalciférol, précurseur de la vitamine D. Cette vitamine D est indispensable à l'assimilation du calcium alimentaire, donc à la calcification des os. Ainsi 90 % des personnes âgées présentent en hiver une carence en vitamine D qui peut être compensée par une exposition au soleil.

• PROTECTION

Le bronzage protège la peau : par réaction à l'agression solaire, la peau crée un système de protection qui se traduit par une augmentation de la pigmentation et de l'épaisseur de l'épiderme.

Une augmentation du nombre de mélanosomes (pigments de mélanine du bronzage) protègent contre les UV B, contre les radicaux libres (super eau oxygénée produit par l'action conjointe du soleil et de l'oxygène) et contre les ions lourds.

Un épiderme plus épais protège contre les UV (la couche cornée est le premier écran contre le soleil) et contre diverses agressions chimiques, comme, par exemple, celle d'un gel douche ordinaire ou de la pollution.

> L'autobronzant contient un principe actif : la D.H.A. (dihydroxyacétone), qui s'oxyde au contact des acides aminés de la couche cornée et donne, en deux ou trois heures, une couleur dorée à la peau.
>
> *Self-tanning cream contains the active ingredient D.H.A. (dihydroxyacetone) which oxidises in contact with aminoacids in the cornified layer of the skin and which gives the skin a golden hue in two to three hours.*

• LES UV DÉTÉRIORENT, LA LUMIÈRE BLEUE RÉPARE

Sous l'action des UV, la molécule d'ADN des cellules de la peau peut être altérée. Dans la plus grande majorité des cas, si l'exposition n'est pas trop longue, un système enzymatique régénère la molécule d'ADN

SOL-TAN est un produit de beauté qui convient aux épidermes les plus délicats ; **SOL-TAN** assure soin et protection de la peau et donne beauté jeune et naturelle

LOTION BRUNISSANTE, HYDRATANTE

PARFUMERIE NEIGE DES CEVENNES - PARIS — Charleroi, 27 Avenue Jules-Hénin Milan, 60 Via Mose Bianchi — Barcelone, 31 Angel Guimera — Oslo, 9 Radguhst — Alger, 9 rue Burdeau — Tunis, 24 rue Kléber — Casablanca, 14 rue Neuf-Brisach Athènes, 5 rue Santarosa — Caracas, Apartado Del Este 5266.

Publicité pour *Sol-Tan*.
1961.
(Collection bibliothèque municipale de Grasse.)

sous sa forme native. Une de ces enzymes ne fonctionne que si elle est associée à de la lumière bleue.

• ENFANTS

À la naissance, le système pigmentaire n'étant pas achevé et la peau du bébé étant très fine, le temps d'exposition pour un « coup de soleil » est beaucoup plus réduit que pour un adulte.

Le « coup de soleil » peut laisser chez l'enfant (jusqu'à 15 ans) des séquelles pouvant augmenter de 70 % le risque d'un cancer cutané. Heureusement ce cancer, l'épithélioma basocellulaire, ne présente qu'une malignité locale.

Aussitôt que l'enfant peut le comprendre, il faut lui expliquer qu'un soleil qui brille très fort va le brûler et qu'il doit se protéger avec une chemise ou un T-shirt.

• AUTOBRONZANTS OU COMMENT BRONZER SANS SOLEIL ?

Le principe actif de l'autobronzant biochimique est la dihydroxy-acétone, une molécule naturellement produite dans l'organisme lors de la dégradation du glucose. Dès 1960 aux USA, Miklean propose sous le nom de Man Tan une solution transparente de dihydroxy-acétone à 4 %, qui se fixe sur les acides aminés de la peau en provoquant progressivement une coloration brune du *stratum corneum*.

Cette coloration est une parure qui n'a rien de commun avec la mélanine des pigments du bronzage. Elle est considéré par les Européens comme n'apportant pratiquement aucune protection contre le soleil.

Aux USA, des dermatologues de l'université du Nebraska ayant montré que la dihydroxyacétone associée avec la lawsone, présente dans le henné, apporte une certaine protection contre les UV, cette association fait partie de la liste des filtres solaires autorisés.

• PHOTOPRODUITS BIOLOGIQUES AUTOBRONZANTS

Très récemment, une équipe de la Boston University School of Medicine a ouvert une nouvelle voie de recherche très prometteuse sur les autobronzants en proposant d'utiliser des substances qui provoquent une pigmentation identique à celle qui est obtenue au soleil, mais bien évidemment sans exposition.

Ces substances sont simplement des petits fragments d'ADN semblables aux photo-produits formés lors de l'irradiation de cellules ou des tissus par les UV. La recherche, encore au stade expérimental, a montré que l'on pouvait multiplier par sept la teneur en mélanine.

Jean-Pierre FORESTIER

sun and sun

Depending on application, a sun cream thus includes both filters and screens:

Filters, used in photoprotection products, are molecules which have an action similar to that which can be seen in sunglasses: just part of the light passes through the filter.

Screens are formed from microscopic white particles, which are often titanium oxide, which reflect the light like a mirror. The formulation of screens is difficult because if the particles are large, light is well-reflected, but the cream is opaque and makes the wearer look like a Pierrot. On the other hand if the particles are too small, the light hits their edges and refracts.

In general the skin has a better tolerance for screens than filters.

On the other hand, moderate exposure can regenerate and remodel the dermis. The wavelength and the precise frequency of these rejuvenating UVs, remains to be fully discovered : and are likely to open up new paths for photo-cosmetology.

• THE SUN AND OPTIMISM

In winter a lack of sunlight can lead to sadness and depression: this condition is known as seasonal affective disorder (SAD). In the summer, the sun helps us to feel happier, more optimistic and gives us greater muscular strength and resistance to fatigue. When we feel better within ourselves, we inevitably look be better on the outside.

This enhancement of well-being is due to the photo-destruction of melatonin produced during the night by the action of daylight. If there is inadequate light, in winter for example, melatonin is not

PLV Ambre Solaire.
19 cm x 39 cm.
Vers 1970.
(Collection musée international de la Parfumerie, Grasse.)

destroyed and its presence can trigger this seasonal depression.

With the advance of age, we need more light to eliminate melatonin, which may explain the winter migration southwards: to the Côte d'Azur and the Basque region for the French and to Brighton for the English and Miami for the Americans.

• THE SUN AND DESQUAMATION

Rejuvenating the skin often means removing any excess of horny layer, and thereby increasing the desquamation process. Nowadays, the most popular products are those containing fruit acids. With a mild sunburn (2 Minimum Erythematous Doses) the skin does not peel off, but desquamation caused by sun exposure is insensitive and twice the normal.

• THE SUN AND SKIN REMODELING

Skin is made of three successive layers: the epidermis, with the stratum corneum as its uppermost layer (the melanocytes are the basis of the epidermis), the dermis, which supports and nourishes the epidermis, and the hypodermis, which is formed from fatty cells.

The dermis lattice is very loose and may be compared to a sponge filled with a viscous solution. It is composed of a supporting protein, collagen, and of an elastic protein, elastin. As time goes by, the "sponge" becomes looser and the collagen and elastin fibres deteriorate.

The epidermis follows the undulations of the dermis, reflecting the changes and marking the wrinkles.

Initially exposure to the sun causes an elimination of the former constituents of the dermis architecture, and the "sponge" of the collagen and elastin, which are quickly replaced by a larger quantity of young molecules.

All cellular activity of the dermis increases.

In the long term, following excessive exposure to the sun, the number of synthesis becomes too great and these molecules (especially those of elastin) lose some of their mechanical properties: these changes cause a phenomenon called solar elastosis, or "photo-induced" ageing.

• VITAMINS

The sun has a well-known vitamin action. With the action of UV Bs, 7-dehydrocholesterol is transformed in the skin into cholecalciferol, a precursor of vitamin D. Vitamin D is essential to the assimilation of

PLV Stendhal.
Soin autobronzant.
7 cm x 50 cm.
Années 1980.
(Collection musée international de la Parfumerie, Grasse.)

L'Ondine.
Revue *Le Panorama.*
Été 1899.
(Collection musée d'Art et d'Histoire de Provence, Grasse.)

Le premier maillot de bain est sans manches, légèrement décolleté et descend jusqu'au genou. Il est à rayures bleues et blanches afin de limiter sa transparence quand il est mouillé.
The first swimming costume: sleeveless, with a slight décolletage and covering down to the knee. Blue and white stripes reduce the effect of transparency when wet.

Scène de plage.
USA.
1934.

alimentary calcium and thus also to the calcification of the bones. 90% of old people have a vitamin D deficiency which can be compensated by exposure to the sun.

• PROTECTION

Tanning protects the skin: through its reaction to attack by the sun, the skin creates a protective system which is manifested in an increase in pigmentation and thickness of the skin.

An increase in the number of melanosomas, the melanin pigments in tanning, protects against UV Bs, free radicals (hyper-oxygenated water produced by the joint action of sun and oxygen) and against heavy ions.

A thicker epidermis protects against UV rays (the horny layer is the first screen against the sun) and against chemical attack, such as, for example from ordinary shower gels or from pollution.

• UV RAYS CAUSE DETERIORATION AND BLUE FREQUENCY LIGHT REPAIRS

Under the action of UV rays, the DNA molecule in the skin's cells can undergo change. In the greater majority of cases, if exposure is not too extensive, an enzymatic system regenerates the DNA molecule to its native state. One of these enzymes does not function if exposed to blue frequency light.

• SELF-TANNING AGENTS, OR SUN-FREE TANNING

The active ingredient in the first biochemical self-tanning agent was dihydroxyacetone, a naturally occurring molecule produced in the organism with the breakdown of glucose. From 1960, in the USA, Miklean marketed a transparent 4% dihydroxyacetone solution under the name of Man Tan, which fixes on the skin's aminoacids, causing progressive brown coloration of the stratum corneum. This coloration is an adornment that has nothing in common with the melanin of the tanning pigments. Europeans consider it as providing virtually no sun protection.

In the USA, dermatologists at the University of Nebraska have shown that dihydroxyacetone in association with lawsone, which is present in henna, provides a degree of protection against UVs, and this combination is included in the list of approved sun filters.

Publicité Nivéa.
1969.

Barbara Gould.
Lotion anti-solaire.
1952
(Collection bibliothèque municipale de Grasse.)

• BIOLOGICAL SELF-TANNING AGENTS

Very recently, a team from the Boston University School of Medicine has opened up a new and most promising channel of research into self-tanning agents, by considering the use of substances that cause pigmentation identical to that obtained from the sun, but of course without exposure to it.

These substances are simply small fragments of DNA which are similar to the photo-products created when cells or tissue is irradiated by UVs. This research, which is still in the experimental stages, has shown that an increase in melanin by a factor of 7 is possible.

Jean-Pierre FORESTIER

Un filtre solaire : l'anti-UV B. à l'acide phénylbenzimidazol sulfurique est breveté en 1933 par les laboratoires Bayer AG. Le produit solaire Delial contenant cet agent est lancé la même année.

Sun filter: anti UV B with sulphuric phenylbenzimidazol acid was patented in 1933 by the Boyer AG Laboratories. The sun product Delial contains this agent and was launched in the same year.

Elizabeth Arden.
1953.
(Collection bibliothèque municipale de Grasse.)

bande dessinée / comics strip

Texte : Docteur GÉRARD PEYREFITTE
Directeur de l'école Carole, Professeur de biologie.
24, quai Tilsitt, 69002 Lyon.

Scénario, images : Docteur JÉRÔME CAMPONOVO.

L'HISTOIRE DU MAILLOT DE BAIN C'EST AVANT TOUT LA SAGA DE LA COULEUR DE LA PEAU DANS LES CANONS DE LA BEAUTÉ AVEC, COMME CONSÉQUENCE....

LE COMBAT ÉPIQUE DE NOTRE ENVELOPPE CUTANÉE CONTRE LE TISSU!!

ALBERT TON TEE SHIRT ET TON CHAPEAU VITE!!

PENDANT DES SIÈCLES, IL FAUT AVOIR UNE PEAU LAITEUSE CAR LA BLANCHEUR EST SYMBOLE DE PURETÉ, DE NOBLESSE ET..

YEEE

MONSIEUR JACKSON CETTE FOIS-CI, CE N'EST PAS DE VOUS DONT ON PARLE... ALORS, DEHORS!

LES ÉLÉGANTES, DEVANT LEUR MIROIR, RECOURENT AUX ARTIFICES LES PLUS EXTRA-VAGANTS POUR OBTENIR LA BLANCHEUR LA PLUS PARFAITE.

LALALA

MAIS OÙ EST MA FARINE???

AU DÉBUT DU XX° SIÈCLE, ON COMMENCE À ALLER SUR LES PLAGES, MAIS ON EST HABILLÉ..

DE PIED EN CAP, AVEC BAS, CORSET, TUNIQUE LONGUE À OURLET PLOMBÉ, CHAPEAU, OMBRELLE...

CELA N'EMPÊCHE PAS COLETTE, EN 1907, DE FAIRE SCANDALE SUR UNE PLAGE D'UN PETIT VILLAGE ALORS INCONNU... ST TROPEZ. ELLE OSE « BATIFOLER » SUR LE SABLE, PIEDS NUS, SANS GANTS SANS CORSET NI JUPONS !...

GILIGILI GILI

1911 : LA RÉVOLUTION SE MET EN MARCHE

C'EST L'APPARITION DU PREMIER MAILLOT DE BAIN. IL S'AGIT D'UN COSTUME D'UNE SEULE PIÈCE, SANS MANCHES, LÉGÈREMENT DÉCOLLETÉ ET LONG JUSQU'AU GENOU.

RAYÉ BLEU ET BLANC, OU ROUGE ET BLANC, IL CONVIENT INDISTINCTEMENT AUX FEMMES ET AUX HOMMES...

PD VA !!

TU PARLES, ON SAIT PLUS QUI EST QUI AVEC CETTE MODE !!

À CETTE ÉPOQUE, DANS QUELQUES STATIONS RÉSOLUMENT MODERNES, ON SE MOUILLE LES PIEDS DANS LES VAGUES.

À TABLE

..AVEC COMME COROLLAIRE UN RÉTRÉCISSEMENT PROGRESSIF DU MAILLOT ET POUR FINIR L'APPARITION EN 70 DU...DU **MONOKINI**,

ET SA TOTALE DISPARITION AVEC LA VOGUE DU NATURISME. CE FUT......LE **SANS-KINI** !

A LA FIN DU XXᵉ SIÈCLE, AVEC LA LOURDE MENACE DES CANCERS DE LA PEAU DIRECTEMENT LIÉE À L'HÉLIOTROPISME SAUVAGE, LE TISSU SEMBLE REPRENDRE DU TERRAIN.....

..ET LE MAILLOT UNE PIÈCE REVIENT..!!

PFUUTTT...

PROTECTION CONTRE LES UV OU ARME DE SÉDUCTION ?

TEXTE : Dʳ PEYREFITTE
SCÉNARIO, IMAGES : Dʳ CAMPONOVO

remerciements

L'exposition et l'ouvrage *Coups de soleil & bikinis* – sujet pro-vocateur et complexe –, réalisés avec le concours du ministère de la Culture et la participation de la société Haarman et Reimer Florasynth, ont trouvé leur accomplissement grâce à la conviction et à la sensibilité des élus de la ville de Grasse, de son maire monsieur Jean-Pierre Leleux, vice-président du conseil général des Alpes-Maritimes, et de madame Dominique Bourret, adjointe au maire délégué aux affaires culturelles et aux beaux-arts.

Monsieur Yves Ansanay, secrétaire général adjoint chargé des affaires culturelles, s'est montré attentif à notre démarche.

Cette exposition n'aurait pu voir le jour sans tous ceux, personnes privées, organismes nationaux et étrangers, qui ont mis à notre disposition leur documentation et leurs collections :
madame Nicole Le Maux,
bibliothèque Forney, Ville de Paris,
boutique Didier Ludot, Paris,
Chanel S.A., Paris,
Jean Patou Parfums, Paris,
galerie Bartsch & Chariau, Munich,
musée de Bretagne, Rennes,
musée du Chapeau, Chazelles-sur-Lyon,
musée de la Mode et du Costume, Paris,
musée de la Mode et du Textile, Paris,
musée de Normandie, Caen,
Opéra Garnier, Paris.

Pour leur participation active à la rédaction de cet ouvrage et l'apport de leur expérience professionnelle, que le docteur Jérôme Camponovo, monsieur Jean-Claude Ellena, le professeur Jean-Pierre Forestier, le docteur Gérard Peyrefitte et le docteur Jean-Louis Peyron trouvent ici l'expression de notre gratitude.

Les membres de l'équipe administrative et technique des musées de la ville de Grasse ont assuré la réalisation complète de cette exposition : Ariane Lasson, assistant qualifié de conservation ; Joëlle Déjardin et Claudine Chiocci pour la documentation ; Nathalie Derra pour l'iconographie ; Brigitte Chaminade, Émeline Tuetey, Danielle Soriano et Laetitia Autrand pour la célérité du secrétariat ; Agathe Miserez, Micheline Vicent-Roubert pour les photographies. Noëlle Chatelain, Laurence Gallarotti, Marie-Marthe Isnard, Alain Dufour, Gilles Flécheux, Alain Grelaud, Louis Grelaud, Éric Lesne et Serge Mucci, pour l'accueil du public, la surveillance, la manutention et l'aide muséographique.

Nous exprimons à tous notre reconnaissance.

MARIE-CHRISTINE GRASSE
Conservateur des musées
de la ville de Grasse

acknowledgements

The exhibition and the publication Sunburns & bikinis- a thought-provoking and complex subject- were realised with the collaboration of the ministry of Culture and with the involvement the company Haarman and Reimer Florasynth, were made possible by the conviction and sensitivity to the subject of the elected officers of the ville de Grasse, of its mayor, Mr Jean-Pierre Leleux, vice-chairman of the general council of the Alpes-Maritimes and of Mme Dominique Bourret, delegate assistant to mayor for cultural affairs and the fine arts.

Mr Yves Ansanay, assistant general secretary with responsibility for cultural affairs has contributed a valuable interest in our initiative.

This exhibition would not have been possible without all those, private individuals, national and foreign organisations, who have made available their documentation and their collections:
madame Nicole Le Maux
bibliothèque Forney, Ville de Paris
boutique Didier Ludot, Paris,
Chanel S.A., Paris,
Jean Patou Parfums, Paris,
galerie Bartsch & Chariau Munich,
musée de Bretagne, Rennes,
musée du Chapeau, Chazelles-sur-Lyon
musée de la Mode et de Costume, Paris.,
musée de la Mode et du Textile Paris,
musée de Normandie Caen,
Opéra Garnier, Paris.

For their active involvement in the production of this work and for their professional experience, we would like to thank Dr Jérôme Camponovo, Mr Jean-Claude Ellena, Professor Jean-Pierre Forestier, Dr Gérard Peyrefitte and Dr Jean-Louis Peyron.

The members of the administrative and technical team at the museums of the Ville de Grasse have provided the entire realisation of this exhibition : Arianne Lasson, curator assistant ; Joëlle Déjardin and Claudine Chiocci for the documentation ; Nathalie Derra, iconographer ; Brigitte Chaminade, Emeline Tuetey, Danielle Soriano and Laetitia Autrand for their efficient administration ; Agathe Miserez, Micheline Vicent-Roubert for the photographs. Noëlle Chatelain, Laurence Gallarotti, Marie-Marthe Isnard, Alain Dufour, Gilles Flécheux, Alain Grelaud, Louis Grelaud, Eric Lesne and Serge Mucci, pour visitor management, supervision and handling and general museum assistance.

We are grateful to you all.

MARIE-CHRISTINE GRASSE
Curator of the museums
of the ville de Grasse

bibliographie

BARTHES R., *Le Système de la mode*, Paris, 1967.

BRAUNSCHVIG M., *La femme et la beauté…*, Paris, 1929.

CHEVELLE C., CORNET B., *Grain de beauté*, Bibliothèque Forney, 1993.

CORBIN A., *L'Avènement des loisirs, 1850-1950*, Paris, 1995.

CORBIN A., *Le Territoire vide. L'Occident et le désir du rivage, 1750-1840*, Paris, 1988.

CRIBIER F., *La grande migration d'été des citadins en France*, Paris, 1969.

DUBY G., *Histoire de la France urbaine*, t. III, Paris, 1983.

DUMAZEDIER J., *Révolution culturelle du temps libre, 1968-1988*, Paris, 1988.

GALLO M., *L'Affiche miroir de l'histoire*, Paris, 1979.

GHOZLAND F., *Cosmétiques : être et paraître…*, Toulouse, 1987.

GRASSE M.-C., *Femmes de Parfum, visages d'hier et d'aujourd'hui*, Toulouse, 1989.

GROSSIN W., *Les Temps de la vie quotidienne*, Paris, 1974.

LAFARGUE P., *Le Droit à la paresse*, Paris, 1969.

LANDGER R., « 60 ans de produits cosmétiques solaires en Allemagne », *Contact Magazine*, 1994.

LANDGER R., « Bronzer sans vieillir », *Nouvel Observateur*, août 1991.

LEROY G., MUGUETTE V., *Histoire de la beauté féminine à travers les âges*, Paris, 1989.

PERROT P., *Le travail des apparences ou les transformations du corps féminin*, XVIIIe et XIXe siècles, Paris, 1984.

RAUCH A., *Vacances et pratiques corporelles*, Paris, 1988.

SAMUEL N., *Le Loisir, un temps social*, Paris, 1984.

URBAIN J.-D., *Sur la plage*, Paris, 1995.

VEBLEN T., *Théorie de la classe de loisir*, Paris, 1970.

WEIL A., *L'Affiche dans le monde*, Paris, 1985.

Crédits photographiques

Agence Keystone, Paris : p. 48. Bibliothèque Forney, ville de Paris : p. 4, 23 h, 37, 42, 62, 64. Collection Freddy Ghozland : p. 29 b, 37 h, 38, 44, 46 bd et g, 54 h, 66 b. Document Jean Patou : p. 25 b, 72, 73. H&R Florasynth : p. 42 h, 76 h et b, 77 hg, bg et d, 86 h. Galerie Bartsch & Chariau, Munich : p. 41, 70-71. Nicole Le Maux : p. 44 b. Jacques Moatti : p. 50. Musée de Normandie, ville de Caen : p. 35 h.

L'ensemble des reproductions de documents et des photographies d'objets appartenant aux organismes grassois suivants : Bibliothèque municipale, Musée d'Art et d'Histoire de Provence et Musée International de la Parfumerie, sont dûs au service photographique des musées de Grasse.

table des matières

dans la même collection

(DIRECTEUR DE COLLECTION : F. GHOZLAND)

✂ -

Je suis interessé(e) par vos publications sur le thème du Parfum.
Merci de m'en faire part à :

Nom, Prénom : . . . .
. . . .
. . . .
Adresse : . . . .
. . . .
. . . .

À retourner à Dominique Dupuis, Éditions **MILAN**
300, rue Léon-Joulin, 31101 Toulouse Cedex 100